Monólogos de

DANTE GEBEL

Relatos de la vida cotidiana

La misión de Editorial Vida es ser la compañía líder en satisfacer las necesidades de las personas con recursos cuyo contenido glorifique al Señor Jesucristo y promueva principios bíblicos.

MONÓLOGOS
Edición en español publicada por
Editorial Vida – 2006
Miami, Florida

Edición: *Cecilia Scoccimarra*
Diseño interior y de cubierta: *Matías Deluca para Línea Abierta Group*
Fotografía de cubierta: *Benjamín Francisco Peralta*

ISBN: 978-0-8297-4721-8

CATEGORÍA: Vida cristiana / General

IMPRESO EN ESTADOS UNIDOS DE AMÉRICA
PRINTED IN THE UNITED STATES OF AMERICA

12 13 14 15 ❖ 14 13 12 11 10

CONTENIDO

CONTENIDO

A José Vera,
El hermano en la vida que tanto necesitaba.
Fiel amigo e inefable escudero.
Dios quiera que este libro te haga reír
en medio de tu agitada vida.

RECONOCIMIENTOS

A Esteban Fernández, gracias otra vez, por seguir confiando en este servidor.

Te confieso que si surge alguna queja por este libro, negaré de manera rotunda el haberlo escrito y si no me creen, diré que fue una idea absolutamente tuya.

A Mario Krawchuk, espero que sigas siendo mi amigo, luego de leer el capítulo de los latinos en los Estados Unidos. Al final, los monólogos de aquellos espectáculos terminaron convirtiéndose en un libro.

A Eduardo Effa, ¡Algún día voy a pagarte todo lo que has hecho por nosotros! Gracias a ti, pasamos el mejor inicio de año de nuestras vidas. Cuando seas el Presidente de tu país, no olvides a tu humilde amigo de Argentina.

A Daniel Peckerman, eres un gran amigo pero nunca entenderé porqué nunca leíste un libro mío. Estás perdonado; pero te aseguro que te haré preguntas sobre este.

A mi entrañable «tano», Daniel Barcellona. Nunca olvido que fuiste el primero en darme una mano; gracias por tu fidelidad. Me debes varios almuerzos atrasados.

A Claudio Freidzon, gracias por tantos años de camaradería y amistad. Gracias por el apoyo incondicional en todo este tiempo, aun desde aquellos humildes inicios.

A todo mi equipo: Hernán Hernández, Pablo Chamorro, Germán Gómez, Enrique Gómez, Carolina Moyano, Julio Mariano, Matías Deluca, Trapo Lamas, Alejandro Crudo, Claudio De Oliveira, Walter Etcheverri, Mario Gómez, Pablo y Gastón González: Son la mejor escudería que alguien desearía tener. ¡Pero como son demasiados, no esperen que le regale un libro a cada uno!

A mis pequeños enanos, Brian y Kevin, gracias por hacerme reír tanto y por tenerle paciencia a este papá audaz e inexperto.

Y a mi homenajeada de siempre: Liliana, mi bella princesa. Si pudiera volver a tener 20 años, te elegiría de nuevo y te volvería a enamorar.

PRÓLOGO

Hace muchos años recibí una llamada telefónica de un joven. No entendía exactamente de quién se trataba. Yo estaba en Santiago de Chile y la llamada provenía de Buenos Aires, Argentina. El nombre no me era familiar y por un momento dudé en seguir con la conversación. Este joven me hablaba con entusiasmo y compartió en pocos minutos sus sueños e ilusiones en cuanto a su futuro. Escribí su nombre en un papelito y luego de colgar, llamé a un gran y querido amigo de Buenos Aires: Rocky Grams; le pregunté si conocía a este joven y le mencioné su nombre. Respondió que sí. Fue un «sí» de esos de alguien que está tratando de recordar algo bueno que decir. Luego la conversación varió y empezamos a hablar de otras cosas. Sin embargo, la voz entusiasta del joven quedó como un eco en mi mente. Recuerdo con claridad que pensé: «Este tipo tiene algo especial. Llegará lejos». Con el pasar del tiempo, he hablado por teléfono con él en muchas ocasiones, inclusive desde otros continentes, como aquella vez que él estaba en Australia y yo en Chile. Este servidor en un estadio de fútbol y él en un coliseo. Poco a poco, con gran paciencia y gran sacrificio de su parte, dejó que Dios lo modelara, rompiera esquemas, sacara lo mejor de su personalidad y de su inventiva y lo transformara en un monstruo que llena estadios una y otra vez; habla con millones a través de la radio y la televisión; escribe libros que son considerados manuales para crecer; destruye paradigmas antiguos; cambia la percepción que el mundo tiene del conferencista y es uno de los líderes con mayor influencia entre la juventud hispana.

Dante no conoce el significado de la frase: «No se puede hacer». Si es un desafío, Dante Gebel está presente. Si es considerado imposible, Dante Gebel lo va a intentar. Si es grande, pero muy grande, Dante Gebel está interesado. Sin embargo, son los pequeños detalles lo que me llama poderosamente la atención: el amor y respeto que tiene para con Liliana, su amada esposa. La paciencia y el tiempo que dedica a sus dos niños. La mirada clara al hablar con alguien y el incansable entusiasmo cuando habla, escribe, predica, actúa, dibuja o monta un show.

Tienes en tus manos un ejemplar de «Monólogos de Dante Gebel». Te doy mi palabra de honor que si comienzas a leerlo ahora, no podrás dejarlo de lado hasta terminarlo. Aquí va un buen consejo: ponte cómodo y permite que estos relatos de la vida cotidiana te provoquen reflexión, recuerdos y una risa franca. De hecho, si le regalas un ejemplar a tu suegra, verás uno de los milagros más grandes de la historia de la humanidad: una suegra agradecida y cariñosa. ¡Te aseguro que vale la pena!

Dr. Italo Frígoli

Fundador del primer club cristiano profesional de fútbol en Latinoamérica, convertido en lo que la prensa llama «el fenómeno social del siglo» y fue merecedor de varias menciones de honor, diplomas de reconocimiento y copas. Dirige además, cuatro centros de rehabilitación para drogadictos.

INTRODUCCIÓN

Una excusa para visitar lugares comunes

Estoy convencido que hay dos tipos de personas que pasan por este mundo. Los que se divierten y aquellos que sienten que la vida es una gran fiesta y no les llegó la invitación.

En mi caso, desde muy pequeño supe que iba a pasarla bien. Como la gran mayoría de los que nacimos en la Latinoamérica de hace casi cuarenta años, tuve una infancia austera y reconozco que en gran medida, eso ayudó a que desarrollara mi sentido del humor y la perceptibilidad. A diferencia del promedio general, jamás me aburría estando solo, ya que podía actuar durante horas, imaginando un gran público que ovacionaba y aplaudía a rabiar. También podía pasarme horas sentado sobre un pilar que teníamos en la puerta de casa, solo observando pasar a la gente. Veía detalles que me resultaban extraordinariamente divertidos, el comportamiento de las personas siempre me pareció que tenía escondido mucho más humor que una mismísima comedia de la televisión. Lo mismo me sucedía si iba sentado en el asiento trasero del auto de mi padre, en un viaje familiar. Podía disfrutar horas enteras observando a los automóviles que nos sobrepasaban, imaginando los diálogos que podrían estar teniendo. Era fascinante mirarlos a la cara, aunque sea por un instante, e imaginarme qué nombre tendrían, sus profesiones, y a que se dedicarían en sus ratos libres. Aunque nunca pude constatarlo, tengo la le leve impresión que en la mayoría de los casos, no me equivocaba. De tanto observar a la gente, me había transformado en una suerte de agudo sociólogo.

He descubierto que no puedes comenzar a ser detallista con los demás, si primero no te miras hacia adentro. Por lo que, básicamente, desarrollé la capacidad de reírme de mi mismo. Quienes me escucharon alguna vez, coinciden que he contado hasta el hartazgo detalles sobre mi esquelético cuerpo de adolescente, mi impopularidad en la escuela y mis fallidos intentos por conquistar a la mujer de mis sueños.

La imaginación y la creatividad me permitieron escaparme de la realidad, tantas veces como quisiera. De niño, fui forastero en el lejano oeste, luché con gladiadores, actué en exitosos largometrajes, fui corredor de autos, estrené mis propias obras en Broadway y por supuesto, gané infinidad de premios. Todo eso ocurrió en mi mente, claro.

Mi madre siempre mencionaba que yo era un chico difícil de descifrar. «Con él, es imposible llegar hasta el fondo, es demasiado introspectivo», decía. Y no era una cuestión de ostracismo, sino que mi disco rígido tenía demasiada información y mis archivos estaban demasiados llenos como para relacionarme con el mundo exterior, por lo menos de la manera que se suponía que el resto de los mortales lo hacía.

Cuando mis padres me retaban por alguna travesura, mi mayor venganza era echar a volar la imaginación. Me acostaba en mi cuarto, me quedaba rígido, cruzaba las manos, e imaginaba que estaba en un ataúd, muerto. Y por supuesto, pensaba en la ceremonia de entierro, donde mis padres lloraban sin consuelo por haber retado y disciplinado a su pequeño y pobre hijito, que ahora yacía inerte en un negro ataúd. Sé que estás pensando que soy digno de varias sesiones de terapia, pero aunque no lo creas, eso me ayudaba a no frustrarme y tener que llorar, como cualquier otro niño.

Desde que tengo memoria, recuerdo que dibujo caricaturas. Obviamente, nunca pude ir a estudiar nada relacionado al arte, pero pasé largos inviernos dibujando a la gente que veía pasar por la ventana o inventando mis propios personajes que conservo hasta el día de hoy. Ya en la adolescencia comencé a garabatear algunos libros que jamás fueron publicados, que solo leyó mi madre, y que de igual manera ganaron varios Pulitzer en mi imaginación.

Pero el destino divino, literalmente, me llevó por otro camino. Y Dios quiso que fuese un orador. Los primeros años, como la gran mayoría, estuve empecinado en que los demás, (en especial los colegas) me tomaran en serio. Y debo reconocer que durante mucho tiempo, abandoné ese precioso don que el mismo Dios me había otorgado.

En la ardua tarea de entrar al sistema y calificar en el promedio general, me puse serio, una buena corbata, y traté de enterrar mis sueños de niño. Pero quienes me conocen dicen que no pude con mi genio, y algunos comenzaron a tildarme de «showman» o comediante. Y hasta tengo entendido, que un líder reconocido, a quien respeto y admiro, mencionó de manera despectiva entre sus colaboradores que yo era «simplemente un payaso».

En verdad, es agobiante caminar por la vida buscándote un rótulo que te defina. Para algunos soy un orador, para otros un motivador histriónico y como verás, hasta un payaso. Lo sorprendente es que no importa cómo te definan los demás, sino si en realidad has sido fiel a tu destino y a lo que Dios esperaba de ti, desde que arribaste al planeta.

Debo ser honesto y confesarte que al principio tuve muchos prejuicios de escribir un libro como el que tienes en tus manos. Estoy consciente que para muchos nos les resultará una obra «espiritual» y a otros los divertirá y los hará reflexionar, tanto como una de mis mejores conferencias.

Siempre mantuve la idea que Cristo caminó sobre las aguas por la simple razón que tenía ganas de hacerlo. Quizá porque Dios quería probar qué se sentía al caminar sobre lo que él mismo había creado. O solo para darles un susto a sus discípulos. Como sea, no creo que todo tenga la estresante necesidad de «tener un propósito», a veces, hay cosas que solo ocurren para distendernos, como yo lo hago con mis hijos. No siempre estoy enseñándoles una lección de vida didáctica, a veces, solamente nos divertimos y nos reímos hasta que nos duele el estómago.

Esa es la esencia de este libro. Como dije al inicio, la vida puede ser agobiante y densa, o un largo viaje entretenido. Y en efecto, no hay mejor manera de afrontar una extensa travesía que amenizándolo con la más recomendable de las terapias: la risa, y exactamente aquella provocada por las situaciones cotidianas de los que transitamos ese camino.

La risa es una panacea contra el estrés, el apuro, los malentendidos, los enojos, y los imponderables. Como dijo un famoso autor: el humor es una provisión de salud, un jarabe para el alma, una anestesia para el dolor. Gracias al buen humor, en muchas ocasiones, me he permitido decir cosas durísimas, que de otro modo, hubiesen causado más de una herida. Pero cuando la gente se ríe, baja la guardia, se entrega, y se abre de en serio a lo que quieras decirle.

Con los años, he aprendido que si Dios te ha prestado el oficio de crear, no tienes porqué estar encasillado en una sola cosa. En mi caso particular, me siento tan pleno cuando tengo que dar una oratoria ante una multitud de jóvenes en un estadio, cuando dibujo, o simplemente realizo un monólogo de humor en un teatro. Por esa razón me da un profundo placer escribir este libro. Quizá porque no es de esos que hay que leer desde el comienzo. En este caso, es de aquellos que a mi me gustan, que puedes comenzar por cualquier capítulo y cualquier historia, (algunas más inspiradas, otras un tanto menos) todas son recopilaciones de varios años de observar. Algunas están basadas en sencillos detalles cotidianos de aquella inolvidable niñez, el matrimonio, los viajes, las culturas y todo eso que nos identifica. No está pensado necesariamente para que te rías, a veces, es solo una excusa para visitar lugares comunes.

Tengo la imperiosa necesidad de aclarar que no es fácil escribir aquello que desde el inicio, está diseñado para ser interpretado. Cuando sales al escenario o te sientas detrás de un micrófono de radio para dar vida al monólogo, dependes en gran medida de la reacción imprevista del público. La complicidad de la gente que te oye, su risa o sus exclamaciones te van guiando si vas por el camino correcto. En cambio, esos mismos monólogos, plasmados en un libro, produce en este caso, que no sea yo quien pueda manejar los tiempos. Así que solo me resta, una vez más, echar a volar mi imaginación, y esta vez, nada menos que para oír la reacción de los lectores.

Cuando estaba escribiéndolo, llamé por teléfono al Presidente de Vida-Zondervan y le pregunté:

«Esteban, ¿cómo crees que debería escribir este libro? ¿Cómo hago para contar historias en idioma neutro que son demasiado localistas y que a la vez las pueda comprender todo el mundo? ¿Un americano se reirá de lo mismo que los hispanos?»

Y Esteban (que por cierto es increíble que aún siga confiando en este humilde autor) me dio un consejo que me ayudó a continuar con el resto de la tarea.

«Simplemente sé tú mismo. La gente que compra tu libro, sabe lo que está haciendo».

Ahora que lo pienso bien, no sé si fue una frase de halago o de honda resignación.

Así que, para irme despidiendo y dejar paso al resto de los capítulos, quiero analizar de manera rápida una consideración. Los propios especialistas aseguran que reírse todos los días, aunque sea un poco, libera endorfinas, calma los nervios, distiende y alivia el estrés. Así que, pensándolo bien, has hecho una excelente inversión. El precio de tapa apenas supera el valor de una caja de calmantes.

Capítulo **1**

Las indirectas femeninas

Una de las razones básicas por las que muchos matrimonios fracasan, es porque desconocen las diferencias entre el hombre y la mujer, además de las obvias, claro.

Hace muchos años, me enteré a través de un reconocido orador llamado Eduardo Dúo, (quien además fue el detonador de este monólogo) acerca de un informe que aseguraba que según un estudio realizado en una importante universidad de los Estados Unidos, el hombre usa su cerebro de manera totalmente distinta a como lo hace cualquier mujer promedio.

Todos los seres humanos tenemos dos hemisferios cerebrales: el derecho y el izquierdo. Las mujeres utilizan las dos partes, llamándose a esto «pensamiento integral», mientras que el hombre utiliza solo una parte (como era de esperarse), llamado «pensamiento compartimentado».

Seguro que si eres una lectora, ya estas riéndote de manera desaforada, mientras le dices a tu esposo « ¡Lo sabía! ¡Eres un simple y sencillo descerebrado!», pero quiero aclararte que no es necesariamente eso lo que trato de decir. Si vas a objetar algo, espera a terminar este capítulo, y luego con calma, lo hablan en privado, si es que su «cabeza compartimentada» así lo permite.

De estas diferentes formas de utilizar el cerebro, se desprenden algunos detalles que deberíamos considerar, antes que continúes con esa ridícula idea de enviar a tu esposo a realizarse una tomografía cerebral.

La mujer tiene la enorme capacidad de poder realizar varias cosas a la vez. Ellas pueden preparar la cena, mientras que a la misma vez, ayudan a su niño con la tarea escolar, cambian los pañales del más chiquito, y en ese mismo momento, planchan la camisa de su esposo. En el mismo lapso, el esposo lee el periódico, o mira el partido por televisión, en estado cata tónico, enajenado por completo del mundo exterior y sin sospechar que hay vida inteligente a su alrededor.

Esto no significa con necesidad que los hombres sean todos unos haraganes. Solo que al ser «compartimentado» se enfoca en una sola cosa y a diferencia de la mujer, no puede hacer otra a la misma vez. Sin ánimo de exagerar, un varón tiene serios problemas al intentar masticar chicle y caminar al mismo tiempo.

Es que si está enfocado en algo, no lo dejará hasta que lo haya solucionado y no podrá prestarle atención a otra cosa, por importante y grave que parezca.

Si tu esposo se dispuso a arreglar el grifo que gotea, es inútil que trates de pedirle que además cuide de los niños mientras sales a hacer algunas compras. Lo más probable, es que cuando regreses, el grifo este arreglado a perfección y tus dos hijos en el hospital.

—No sé que pasó. Estaba arreglando la cañería cuando escuché algunos golpes seguidos por unos gritos y más tarde una ambulancia que parece que se llevó a los niños, pero no estoy seguro. Lo que si sé, es que este grifo no pierde más.

Por lo general, el desconocer la diferente manera de pensar del sexo opuesto, puede ocasionar una inesperada hecatombe, en especial cuando ella espera que el hombre se de cuenta de lo que ocurre a su alrededor.

—Podrías hacer algo útil —le dice ella desbordada por completo— por lo menos, hazme el favor de mirar la comida que tengo en el fuego.

Con un enorme esfuerzo sobrehumano (es necesario aclarar aquí que en verdad está dando lo mejor de sí) el levantará su cabeza del suplemento deportivo y le echará una mirada a la olla, sin moverse de su sillón, obviamente.

A los quince minutos, ella regresa de cambiar por enésima vez los pañales al Benjamín del hogar y contemplará con horror, como todos los fideos están desparramados por la cocina embadurnada de salsa, mientras que la olla no para de hervirse y rebasarse.

—¡Un solo favor te pedí!, ¡un solo favor! —gritará desencajada y sudando como una foca— ¡yo tengo que estar haciendo cien cosas a la vez y solo te pedí que me miraras la comida! ¿No ves que se está volcando?

Sin siquiera inmutarse, y esta vez ya sin levantar la mirada del periódico, y con la absoluta calma de un budista que acaba de bajar de la montaña luego de meditar acerca de la levedad del ser y la inmortalidad del cangrejo, le responderá en un tono calmo:

—Me dijiste que la mirara, no que apagara la hornilla.

—Pero se supone que si te digo que la mires es para que la controles y me ayudes, y apagues el fuego, y pongas la mesa, y me ayudes con tus hijos y….

¡Alto! Detengámonos en este punto. Vemos que esta mujer está completamente equivocada, los hombres no nacieron para «suponer» nada ni para entender «las indirectas», mientras que las mujeres se especializan en ellas.

Hay que comprender algo básico: con el medio cerebro, los varones apenas pueden comprender las directas, así que no nos ilusionemos con que también le hagan lugar a las sutilezas.

Si al caballero del ejemplo anterior, su esposa le hubiese pedido que apagara la hornilla en caso que la olla se hirviera, preparara la mesa, y la ayudara con los niños, seguro que el hubiese hecho todo sin omitir ninguna orden, aunque quizá de mala gana. Pero ella solo le dijo «mira la comida que tengo en el fuego», punto.

¿Qué hizo el?, exactamente lo que le dijeron: observó la olla.

Razonemos juntos: ¿Cumplió con lo que ella le pidió? en absoluto. Es más, en una academia militar, lo hubiesen condecorado con una medalla por obediencia debida, pero en su hogar, lo acaban de condenar a cadena perpetua, y todo por desconocer las simples y sencillas diferencias cerebrales.

Vayamos a otro ejemplo. La misma mujer, un domingo al mediodía no da a basto con la preparación del almuerzo, y los quehaceres domésticos que no le dan un minuto de tregua. «Porque nosotras no tenemos ni domingos ni feriados», dirá ella, y convengamos que tiene toda la razón.

De pronto, ella lanza una frase al aire:

—¿Alguien puede preparar la mesa?

—¿Quién responde? Nadie.

—¿Quién la prepara? Nadie.

Es lógico que eso ocurra, porque nadie en su hogar se llama «alguien».

Terminará por hacerlo ella misma, completamente contrariada, lanzando pequeños dardos envenenados al aire:

—¡Jah! Al final, una se esfuerza por su familia, y no recibe ni la más mínima muestra de gratitud.

Los hijos no se darán por aludidos y continuarán mirando la televisión, mientras se sientan a la mesa. Y su esposo, quizá tenga una muy leve y lejana sospecha que algo anda mal, pero no tendrá la mas remota idea de que él pudiera llegar a ser uno de los imputados en la causa.

—Tendrá uno de «esos» días —piensa para sí, mientras se sirve una porción de ensalada.

—Es que pedí que alguien me hiciera el favor de preparar la mesa y nadie en esta casa se dio por aludido —dirá ella de manera frontal, al ver que nadie acusa el recibo de sus indirectas lanzadas al aire.

Y él, totalmente sorprendido como un monje tibetano que acaba de despertar de su búsqueda sagrada, responderá:

—Me hubieses dicho, te habría ayudado...

Como verás, ella pretendía que un simple y básico varón comprendiera que «alguien puede ayudarme a preparar la mesa» significara una alerta para que su esposo abandonara el partido de fútbol y acudiera de inmediato a la consigna. Gravísimo error, un cerebro compartimentado es demasiado específico y no está capacitado para comprender las sutilezas femeninas.

Es por esa misma razón que se inician muchas discusiones por desconocer el funcionamiento básico de un cerebro masculino.

Lo mismo vale para las sutiles frases femeninas:

«Habría que sacar la basura» (jamás podría ser interpretado por un hombre como el pedido directo para que tenga que sacarla; para él, solo es una simple expresión de deseo de su amada esposa).

«Hace mucho que no salimos a cenar» (Para él, es otra simple expresión de deseo femenino, como quien dice «Dios quiera que hoy no llueva», no tiene porque darse por aludido, a lo sumo responderá con un escueto, «es cierto, hace mucho»).

«No sé cómo me las voy a arreglar para vestirme, maquillarme, bañar a los niños yo sola, y estar lista para salir en hora» (Que ni sueñe que a él se le cruzará por la

mente que podría ayudar, «de alguna manera se organiza-
rá», piensa, mientras sigue sentado en el sillón).

A diferencia de la mujer, cuando el hombre hace una pregunta, no está juzgando, ni tratando de usar indirectas o
eufemismos, solo está pidiendo, lisa y llanamente, que le
den información.

—¿Por qué hiciste esa comida? —pregunta él.

Se supone que aquí, la mujer debería responderle con
información básica, tal como: «porque tenía ganas de cocinar algo distinto», o «quería probar una nueva receta» o
simplemente «porque tenía ganas», punto. Él levantará los
hombros, y lo más probable es que conteste con un mono-
sílabo del tipo «ah», al continuar bostece como un rinoce-
ronte, se desparrame en el sofá hasta la hora de la cena; y
aquí no ha pasado nada.

Pero eso no es lo que sucede en un matrimonio promedio. Como ella tiene un pensamiento integral y la mayor
parte de su vida se maneja por indirectas, sobre estima a su
esposo y cree que él le está arrojando un «dardo envenena-
do» oculto en la pregunta «¿porque hiciste esa comida?»,
así que le responde contestando a lo que ella supone que
en realidad el quiso preguntar.

—Si no te gusta, no comas. Ya estás juzgando la comida
y ni siquiera la probaste. Al final, yo me esfuerzo por ofre-
cerles recetas nuevas y es así como me lo agradecen.

Él mirará a su esposa asombrado, no entendiendo el porqué
de semejante respuesta. Es que en su universo no hay lugar
para las indirectas, apenas estaba solicitando información.

Otro ejemplo similar podría ser cuando luego de su trabajo, él llega al hogar y pregunta:

—¿Por qué pusiste esa mesa allí?

No tiene sentido que ella le responda:

—¿Qué? ¿No te gusta?, corrí muebles todo el día para colocar
esa mesa allí, para que luego llegues y opines que no te gusta.

Él solo pide información, solo se mueve por la simple lógica y razón, mientras que la mujer lo hace por sentimientos. Con un sencillo «porque me gusta que esté allí», bastará y él no volverá a preguntar ni objetar nada en absoluto.

Así que, como verás, ni siquiera vale la pena que ella se moleste en ofrecerle respuestas demasiadas elaboradas. Diga lo que le diga su mujer, el solo dirá «ah», bostezará y desparramará su humanidad en el sillón.

Capítulo 2

Solo para hombres

El siguiente espacio, está reservado de manera exclusiva para el sector masculino. Sugeriría que las mujeres pasen directamente al siguiente capítulo o salgan a dar una vuelta, aunque dudo que se aguanten la curiosidad.

S i eres hombre, debes tener en claro que las mujeres nacen con un don que se ocupan de desarrollar por el resto de sus vidas, hasta transformarse en insuperables licenciadas en el tema. Las mujeres manejan las indirectas tan diestramente de manera que ningún hombre estaría capacitado para estar a la altura de las circunstancias. Ellas tienen el talento femenino único de hablar y preguntar con indirectas, y respondas lo que respondas, entrarás a un laberinto imposible de salir.

Lo determinante que tienes que comprender como varón, es que cuando la mujer te hace una pregunta indirecta, no está comenzando a juzgarte, sino que el juicio ya concluyó y resultaste claramente condenado, solo ha venido a comunicártelo de manera indirecta para que cuando reacciones, ella pueda comprobar que sentenció en forma correcta. Tu respuesta no te exonerará, sino que apenas te dará el derecho de elegir la manera en que quieres pagar tu crimen. Es similar a cuando te involucras con un usurero: tienes que buscar la manera de salir lo más ileso posible, pero de igual manera, ya tienes un gravísimo problema.

Por ejemplo, hay una pregunta femenina clásica, conocida en forma popular como «callejón sin salida para maridos». Es decir, respondas lo que respondas, estás en serios problemas.

Un buen día, estás plácidamente sentado en tu sillón favorito mirando una buena película policial, repleta de acción y suspenso.

Ella entrará en cuadro de la nada, sin previo aviso, sin la más mínima introducción al tema, (y por lo general en el medio de la mejor acción del filme) y te preguntará:

—Mi amor, dime la verdad: ¿Me ves más gorda que antes?

Es allí cuando tienes que hacer inmediato uso de tus reflejos y responder con la mayor celeridad posible. No sirve el intentar ignorar la pregunta o no podrás terminar de ver la película.

Si acaso te das el lujo de dudar por algunas décimas de segundo y respondes con un vago:

—Que sé yo... ahora no sé... creo que no.

Estas socialmente muerto. Ella te responderá:

—¿Como que no sabes? ¿Tuviste que ponerte a pensar para saber si estoy más gorda?

Tampoco es recomendable el expeditivo: «Yo te veo igual que antes», muchos hombres lo han probado y han fallado estrepitosamente.

—¿Igual de gorda que antes? ¿Eso quisiste decir?

Por eso, la respuesta recomendable es recurrir al sencillo, rotundo, seguro e inefable:

—No.

Aun así, debes estar conciente de que ella se ha preparado durante años en el arte de las indirectas y no te dejará escapar por la tangente de manera tan sencilla. Si bien es lo único recomendable que puedes responder, tampoco es una salida alterna a enfrentar la tormenta perfecta que se te avecina.

—Se nota que me dices «no» para sacarme de encima y

poder seguir viendo tu película, que parece que fuera más importante que todo lo que te pueda decir.

—Es que yo te veo más delgada —dices intentando ver el momento exacto en que por fin develarán la identidad del asesino serial en el filme.

—Se nota que no me prestas atención, me acabo de pesar y estoy mucho más gorda que hace un mes atrás.

Tampoco es aconsejable tratar de compartir el argumento de la película con ella, en el afán de no perderte el final. Cabe la posibilidad que en el filme aparezca una regordeta (en general la que atiende el lejano motel o la secretaria del comisionado), y tu esposa te pregunte:

—¿Yo soy gorda cómo esa?

Esa es una pregunta que los varones jamás comprenderemos. A ningún hombre se le ocurriría preguntar: «¿Yo soy pelado como ese?» o lo que es más patético: «¿Mi panza cuelga como la de ese?», de ninguna manera. Porque para cualquier hombre básico, el espejo es más que suficiente para sacar cualquier conclusión estética. No así para la mujer, que aunque se mira al espejo un promedio de cien veces más que cualquier hombre, desconoce en que posición del parámetro «Yo y las demás gordas» está ubicada ella.

Si respondes con un tímido:

—¿Cómo se te ocurre? No eres gorda como esa mujer.

—Claro, entonces quieres decir que sí estoy gorda, no tanto como esa, pero indirectamente me estás diciendo que si estoy gorda.

Sí respondes «Sí», ni siquiera es necesario que te explique lo que puede suceder a continuación, evitemos los detalles desagradables.

Como verás, no hay posible escapatoria. Este diálogo es como cuando te involucras con la mafia, es fácil entrar, pero imposible salir limpio.

Algunas otras preguntas se pueden convertir en una verdadera pesadilla. Un sábado, en el que intentas pasar un día apasible en estado vegetativo, sin siquiera tener la responsabilidad de bañarte o levantarte del sillón, ella puede aparecer en medio de la sala y lanzar la indirecta:

—Mi amor, dime la verdad, ¿me quieres como antes?

—Claro que sí, ¡mira la pregunta que me haces!

—Yo me refiero a que si me quieres como cuando no podías vivir sin mí.

—Claro que sí.

—¿Podrías dejar de mirar televisión? ¡porque me parece que estamos hablando de algo importante!

Hasta el momento, y como un simple varón de cerebro compartimentado, ni sospechabas que habían empezado a hablar de un tema trascendente. Creías que solo se trataba de una pregunta ociosa y sin sentido, pero para ella tiene la misma importancia que las Naciones Unidas decidiendo acerca de cómo erradicar el hambre mundial.

—Si, te dije.

—¿Si qué?

—Que si te quiero.

—Pero no me dices si como antes.

—Si, más que antes te dije.

—Quiere decir que antes me querías menos, mira lo que me vengo a enterar.

Eso es un don, no me lo pueden negar. Con una sola pregunta, no solo te enredó, sino que también te declaró culpable en menos de tres preguntas. No entiendo cómo no llevan a las mujeres para que sean las fiscales de los grandes criminales. *Jack el destripador* o *Al Capone* no hubieran resistido ni siquiera el primer interrogatorio de cualquier esposa, habrían confesado a los gritos a la tercera pregunta.

Para ir finalizando, y antes que tu esposa te sorprenda con alguna pregunta que no te permita terminar el capítulo, quiero alertarte que las mujeres no sospechan que los varones podemos pasar horas enteras sin pensar, literalmente.

Por ejemplo, yo tengo la capacidad de no usar el cerebro hasta pasadas las dos o tres horas de haberme levantado.

Todos los días hábiles me levanto a las siete de la mañana para llevar los niños al colegio, y hasta promediando las diez, funciono con el piloto automático. No hablo, no pienso y mucho menos estoy en condiciones de responder preguntas trascendentales. Mis hijos saben desde muy pequeños que su papá no se parece a ese autómata que los lleva cada mañana al colegio. Tiene la misma fisonomía, viste igual, vive en la casa, pero no es papá, es solo un clon que actúa por reflejos. Ellos también están concientes que nada de lo que me pidan por la mañana temprano, se tomará en cuenta para el resto del día.

Ellos pueden decirme:

—Papá, ¿podemos dejar de ir a la escuela para siempre y dedicarnos a vivir de la caza y la pesca?

Y yo responderé:

—Hmmmsi.

O podrían decirme:

—¿Te importa si abrimos la puerta y nos arrojamos al asfalto mientras vas conduciendo?

A esa hora, mi respuesta nunca cambia.

—Hmmmsi.

Mi automóvil es el que está programado para llevarlos, yo apenas soy el chofer que simula manejar; recién a las dos o tres horas, estaré disponible para el mundo exterior y listo para relacionarme con los otros seres vivos.

A diferencia de los varones, las mujeres no necesitan ese tiempo matutino de «aceitado de neuronas y formateado de materia gris», ellas apenas hacen una pequeña pausa de ocho horas, y al día siguiente retoman justo en la misma frase que dejaron inconclusa anoche; no me van a negar que no se trate de otro don sobrenatural.

Mientras que cualquier varón todavía no recuerda exactamente cuál es su profesión, ni en dónde ha amanecido y quienes son esos extraños niños que insisten en llamarlo «papá», ella amanece diciendo:

—Y como te estaba diciendo ayer...

Es obvio que durante cada mañana de mi vida, hay eslabones perdidos que jamás podré recuperar, son momentos en blanco, donde tengo la desarrollada capacidad de no pensar literalmente en nada.

Por su propia salud mental, mi esposa ha asimilado que esas horas están perdidas, y ni siquiera se molesta en hablarme, y al igual que nuestro perro, por su intención y tono de voz, más o menos sé lo que está intentando decirme. De todos modos, ella sabe que aquello que no me dijo anoche, no tiene sentido recordármelo por la mañana, mi cerebro no registra nada en absoluto de lo que suceda en esas primeras horas.

Pero en el caso de los lectores, puede haber una esposa que desconozca esta limitación masculina e intente un diálogo que no la conducirá a ninguna parte:

—¿En qué estás pensando?

—En nada —dirá él con aliento a zombi.

—En algo estarás pensando.

—En nada, te dije que no pienso en nada.

—Todos los seres humanos normales piensan en algo.

—Yo no.

—No puedes no pensar en nada.

—Yo sí.

—Está bien, no me lo digas; eso es lo que noto de nosotros, que ya no es como antes. Antes me decías lo que pensabas.

—Antes tampoco pensaba.

—¿Quieres decir que no pensaste cuando te casaste conmigo?

—No. Quiero decir que antes también podía no pensar en nada.

—Está bien, se nota que ya no te importo, por lo menos, antes pensabas en mí.

—Es que no pienso.

—Eso no existe.

—En mi caso sí.

—Está bien, si quieres ocultármelo, no me lo cuentes.

—¿Por qué tanto empeño en que piense? ¡Estoy en blanco! ¡Mis neuronas arrancan dentro de un par de horas, ahora solo estoy operando con las pocas reservas que me quedaron de anoche!

Como verás, todo termina radicando en el mismo error: desconocer las obvias diferencias cerebrales.

Y por cierto, es tarde y voy a terminar este capítulo aquí mismo, ya que mañana temprano, ni siquiera recordaré porqué estoy escribiendo este libro.

Capítulo 3

Curso intensivo para los que van a casarse

Estoy convencido de la existencia de matrimonios muy felices, pero también deben existir aquellos que opinan: «Si este cónyuge es el regalo de Dios para mi vida, me pregunto cuál será el del diablo». Y todo radica en el profundo desconocimiento acerca de las diferencias básicas que existen en la pareja.

Para todos los que desean casarse pronto, y piensan que solo se trata de vivir juntos y pro crear hijos, es necesario que lean el siguiente curso intensivo acerca de todo lo que deben saber, si es que están dispuestos a vivir la fascinante aventura del matrimonio. Damas y caballeros, pasen y vean.

La mujer ha sido dotada con el increíble don de la intuición, mientras que el hombre no tiene la menor idea de lo que es eso.

Está comprobado de manera plena que ella puede percibir detalles y actitudes que los varones ni siquiera se percatan.

—Supongo que te habrás dado cuenta que esa mujer estaba

coqueteando contigo, haciéndose la simpática para despertar tu interés. Conozco a millas de distancia a las de su tipo, que juegan el papel de «desprotegidas».

—¿Eh? ¿Lo qué? ¿Quién? ¿Dónde? ¿Qué mujer? —serán las posibles respuestas más inteligentes de él.

La necesidad de compañía del hombre se suple con la cercanía de su mujer, mientras que la mujer necesita una atención personalizada.

Es posible que un matrimonio pase todo un fin de semana junto, en el que han ido a la iglesia, al cine, cortaron el césped y terminaron viendo un video en casa. Aun así, cuando el domingo este finalizando, es probable que ella mire a su esposo y le pregunte:

—¿Cuando vamos a tener un día solo para nosotros?

Obviamente él considerará dos únicas opciones:

su mujer está medio loca

su mujer está loca por completo.

Es que para ella «estar juntos» es mucho más que estar cerca, sino que significa poder compartir momentos en donde no exista nadie más que ellos dos.

La mujer tiende a ver la magnitud de un problema, mientras que el hombre los minimiza al extremo.

Ella esta leyendo un libro mientras su esposo hojea el periódico, en el mismo instante en que el hijo menor se cae de la bicicleta y se da un bruto golpe en la cabeza. Ella sale disparada del sillón, y corre a socorrerlo, al grito de:

-¡¡Facundoooooooooooooo!!

Él apenas levanta los ojos del periódico, para comprobar que no hay sangre, que las orejas y la nariz de su hijo siguen en su lugar, y continúa leyendo sin inmutar ni siquiera un solo músculo facial.

—¿No ves que tu hijo se cayó?

—No sabes la cantidad de golpes que me he dado cuando

yo era chico; no es nada, necesita solo un poco de hielo en la cabeza y listo —responderá él como un eximio médico forense. En ese mismo instante, su mujer lanza una súplica al cielo:

—Señor, o te llevas a mi marido o un día de estos, te lo mando.

Ella le asigna un gran valor a las fechas de aniversario de bodas, compromiso y cumpleaños, mientras que el hombre promedio no le da la menor trascendencia.

—Supongo que te acordaste que día es hoy, ¿no? —dice ella con cierta esperanza que el tenga la remota idea de lo que está hablando.

—Por supuesto —responde él, con los rápidos reflejos que le han dado las dos décadas de matrimonio— ¿Cómo podría olvidarlo? (mantiene mientras se pregunta de que estará hablando su mujer).

—¿Y no me compraste nada? —dice ella.

—No, si, digo no… todavía —tartamudea buscando en su disco rígido algún cumpleaños o aniversario que se la haya pasado por alto— como no quería regalarte cualquier cosita, pensé que lo mejor sería que vayamos a elegir el regalo juntos, ¿no te parece?

—No tienes idea que día es hoy —dice ella en un tono cortante, como quien acaba de descubrir al infractor.

—Bueno, más o menos, tenía como un presentimiento que hoy pasaba algo… —trata de arreglar él, como intentando detener un inevitable huracán con una tímida sombrilla.

—Hoy se cumplen veintitrés años de aquel día que me diste el primer beso, ¡no puedo creer que seas tan insensible!

—Eso. Yo sabía que algo de eso era.

La mujer es muy comunicativa de su vida interior, mientras que al hombre no le gusta hablar de lo que le pasa.

Cuando una mujer está viviendo alguna crisis, necesita decírselo a alguien, básicamente necesita ser oída. Ella podría hablar de su problema durante horas, sirviéndole como una saludable terapia.

Sin embargo, cuando el hombre está bajo cierta presión emocional, apenas emite alguno que otro gruñido que solo los muy allegados pueden llegar a comprender. Un diálogo exasperante para cualquier mujer, es cuando su esposo llega del trabajo y ella intenta el popular «interrogatorio policial».

—¿Alguna novedad?

—No.

—¿En la oficina?

—Todo tranquilo.

—¿La calle? ¿Cómo estaba?

—Como siempre.

—¿Te llamó alguien?

—No, que me acuerde.

—¿En tooooodo el día (ya remarcando la «o» con cierta impaciencia), no te pasó nada?

—No.

—Algo te tiene que pasar. Yo ni me moví de casa y me pasaron mil cosas.

—Te felicito, a mi no me pasó nada.

Es que todo lo que esté enmarcado dentro de la rutina normal de un hombre, pasa de inmediato al rubro cerebral: «Hoy aquí no ha sucedido nada digno de contar». Sin embargo, si alguna vez, él tiene la «suerte» de presenciar un accidente de tránsito en vivo y en directo, entonces es obvio que a la hora de la cena, contará con lujo de detalles la manera en que una ancianita fue atropellada sin piedad por un camionero repleto de tatuajes. Mientras tanto, no hay nada importante que merezca ser hablado durante la cena.

La mujer suele ser ciclotímica, mientras que el hombre, por lo general, tiene el mismo carácter hasta el fin de sus días.

En otras palabras, si un hombre es huraño, se irá refunfuñando a la tumba. Mientras que la mujer, tiene ciertos cambios hormonales que en determinados días al mes, la hacen actuar de un modo diferente a lo habitual.

—Alcánzame la sal —dice ella estirando la mano.

—¿La sal? ¿Qué sal? —pregunta él.

—¿Cuántas «sal» conoces?

—Ah, claro... la sal —dirá luego de notar la cara de su amada a punto de sacrificarlo en un altar.

Convengamos que aunque ambos viven en la misma casa hace veinte años, un hombre nunca tiene la menor idea dónde puede estar ubicada la sal, los cubiertos, los platos, el aceite, las servilletas, o cualquier otra cosa que el haya puesto en su propio rubro mental: «cosas de mi mujer».

—La sal... la sal... la sal...

Sigue diciendo con la boca entre abierta y la mirada perdida en el lugar más inverosímil para buscarla, mientras que ella sigue esperando frente a la salsa humeante y con el brazo extendido. Hay que entender que los sistemas lógicos de búsqueda no funcionan en un varón. Un hombre interpreta que revolver y abrir cajones es igual a buscar.

Él abre la puerta del primer armario que le quede más a mano y como si fuese Indiana Jones tratando de encontrar los rastros del arca perdida, seguirá diciendo hasta el cansancio:

—La sal... la sal... mientras espera que su invocación logre que algún arcángel o el mago Copperfield la hagan aparecer ante sus asombrados ojos.

Si casualmente, su esposa está pasando por «uno de esos días», es mejor que ni te cuente como termina la historia.

—¡Acá esta la sal! —dice ella no pudiendo creer tanta ineptitud junta en una sola persona.

—¡Jah! ¿Y desde cuándo se guarda la sal en ese armario?

—Desde hace catorce años.

Las mujeres no miran televisión como lo haría cualquier hombre.

Pareciera un ejemplo poco trascendente, pero es determinante saber que ambos sexos no miran la pantalla chica de la misma manera. Un hombre puede cambiar los ciento veinte canales durante horas y ver toda la programación sin detenerse en ninguno. Es más, podría aguantar más tiempo la respiración bajo el agua, que aquel que soportaría sin el control remoto en la mano; esos pequeños botones son casi una extensión de su masculinidad.

A la mujer, sin embargo, le encanta mirar los comerciales y sufrir por todo aquello que no puede comprar.

Por otra parte, mientras que la morbosidad del varón pasa por ver películas de sangre y acción, el de ella pasa por mirar liposucciones y aplicaciones de bótox en el Discovery Health. Ella es capaz de mirar un programa de accidentes domésticos grabados en videos caseros y cambiar justo en la mejor parte: ¡un segundo antes que el hombre estrelle su cabeza contra el piso!

A diferencia de la mujer, al varón no le gusta ir al médico, pero cuando se enferma se transforma en un ser insoportable.

Ella se realiza tantas consultas médicas como sean necesarias. Sin embargo, él ni siquiera va al dentista, y cuando al fin se atiende, es porque la infección de la boca le atrofió el brazo derecho y le produjo parálisis en la mitad del cuerpo. Cabe aclarar que si al final va al médico, en realidad nunca llega a verlo, ya que muere camino al hospital, en la propia ambulancia.

Cuando se enferma, el hombre necesita tener a toda la familia orbitando a su alrededor, preocupados por su instable salud, aunque se trate de un simple resfrío.

—Siento que me queda poco tiempo —dice— conozco gente amiga que comenzó con un dolor de garganta como yo, y lo terminó llevando a la tumba. Yo me callo para no asustarlos, pero la procesión va por dentro.

Cuando su esposa lo escucha, solo puede darle gracias a Dios que él jamás quedará embarazado.

Si en cambio, la que se enferma es la mujer, ella puede toser, vomitar, estornudar, tener colitis y gritar toda la noche, que a la mañana siguiente, él dirá:

—Escuché un ruidito anoche ¿puede ser o lo soñé? ¿No te estarás por enfermar, no? si llegas a caer en cama, se me complica todo el día.

Por otra parte, si al fin él termina realizándose un chequeo médico, es capaz de discutirle al doctor en su propia cara:

—Mire que tiene que empezar a aflojar con la sal.

—¿Y por qué voy a dejar la sal si a mí no me afecta? ¿No me puede quitar cualquier otra cosa?

—Como siga así le voy a tener que quitar el hígado y el corazón.

Y aun así, cuando sale de la consulta, es capaz de jactarse de su ignorancia y decir:

—Este médico no sabe nada. Mi padre fue un salitre toda la vida y ahí lo tienes…

—Muerto.

—Sí, pero murió de un paro cardíaco, y no por comer con sal.

Para el hombre, ir a la peluquería es un sencillo trámite. Para ella, un suplicio.

El hombre llega a la peluquería y dice:

—Buenos días, cortito, como siempre.

Acto seguido se sienta a esperar que el profesional termine la faena, y le diga:

—Listo, caballero.

La mujer, en cambio tiene todo un dilema a la hora de sentarse en el sillón del coiffeur. En primer lugar, ellas nunca están conformes con el cabello que les vino de nacimiento. Si tienen rulos, sueñan con tener el cabello como si una vaca le lamiera la cabeza todas las mañanas. A su vez, las del pelo lacio, que tienen la cabeza como un sauce llorón con depresión, sueñan con tener el pelo enrulado.

Como si todo eso fuera poco, cuando se deprimen, van al peluquero «para que le cambien un poco la imagen». Una peluquería sería el último lugar al que iría un hombre deprimido. Quizás intentaría quitarse la vida, pero tampoco es necesario tener el cabello recién cortado para saltar de un puente, supongo.

Y para colmo, no existe una sola mujer en todo el universo que salga conforme con lo que le hizo su peluquero. En general, cuando salen se sienten un adefesio.

—Me arruinaron la cabeza, mira lo que me hicieron, parezco un esperpento.

—¿Y pagaste para que te lo hagan? —dice incrédulo su marido.

—Si, es que no me di cuenta, me dijo que con mi cara, me iba a quedar bien el desmechado rubio con extensiones rojas, ¡y ahora parezco un apache!

—¿Y por qué te lo dejaste hacer? —pregunta él, mas incrédulo todavía.

—Porque me dijo que iba a quedarme bien, pero cuando me di cuenta del desastre, ya estaba hecho.

—¿Y no te veías en el espejo?

—Sí, que sé yo, pero el peluquero me hablaba y me distraje.

—Bueno, no vayas nunca más y listo.

—¿Estás loco? ahora más que nunca tengo que seguir yendo.

—¿Por?

—Porque este color de tintura solo lo tienen en esa peluquería, y si dejo de ir, me va a quedar peor. Por lo menos, hasta que se me arregle. Ah, y ya te aviso que por tres meses no salgo más a la calle.

Tener una casa para el hombre, significa un lugar para dormir. Para ella, un lugar donde expandirse.

Si eres varón y tienes la dicha de estar casado, quiero que hagas un rápido ejercicio mental. Quiero que me digas, en menos de un minuto, que porcentaje real de la casa ocupan tus cosas estrictamente personales.

Terminaste contestando lo que todos: un par de cajoncitos en el dormitorio y alguno que otro más en el galpón de herramientas. Todo lo demás, es propiedad de ella.

Sin animosidad de comparar, como un fiel ovejero alemán, ellas van marcando su territorio de a poco, sin que te des cuenta. Cuando te percatas, toda tu casa, pasa a ser ocupada por los implementos personales de tu esposa.

Hagamos otro concienzudo ejercicio: recorre en tu mente, el baño de tu casa y trata de recordar qué espacio ocupan tus efectos personales de limpieza. ¡Acertaste! Apenas un rinconcito, donde te dejan amontonar con timidez tu afeitadora y un cepillo de dientes (siempre y cuando, no se te ocurra ocupar más que eso). Todo el espacio de ella está invadido por cremas, potes con contenidos sospechosos, cepillos, secadores de cabello, y shampoo (que obviamente ni se te ocurra utilizar, ya que son para un tratamiento especial para su cabello, que no es el mismo que el tuyo, que puedes arreglarte con cualquier cosa).

Me consta de un amigo muy allegado, que ya ni siquiera le pertenece el tan personal cajoncito de la mesa de luz, sino que también ha sido ocupado por alicates, depiladoras, tijeritas, anteojos, hisopos, cremas humectantes, y otros efectos desconocidos de ella.

Como verás, estimado hombre ingenuo, la mujer lo ha invadido todo bajo tus propias narices, y por razones de sentido común, la casa no es tan tuya como creías.

Antes de pasar al siguiente punto, realiza una sincera oración y agradece a Dios, que todavía te deja dormir allí.

El hombre come, la mujer consume calorías.

Un varón en un restaurante puede ordenar sin el menor remordimiento, un sándwich con doble carne, huevo frito, tocino en cantidad industrial, jamón, tomate, pepinillos, queso y condimentos. Ella en cambio, ordenará una espantosa ensalada de berro y espárragos que calmarán su conciencia e intentarán mantener su figura. Aunque luego se la pasará sacándole las papas fritas a su esposo y pellizcando todo lo que el haya pedido.

Las vacaciones para el hombre son un tiempo de descanso, para ella, un motivo para estresarse.

El varón no tiene problemas de ir a la playa y parecer un «blanco-enfermo» y que todos crean que lo sacaron de terapia intensiva porque su última voluntad era morir mirando el mar. Y mucho menos se preocupa si tiene panza, por el contrario, la exhibe como un trofeo ganado con mucho sacrificio y esfuerzo. Por otra parte, la mujer no tiene manera de disimular aquello que no le agrada de su cuerpo y siente que está obligada a exponerlo al mundo, sencillamente porque están de vacaciones. Si se pone una malla enteriza cree que se transforma en un huevo de pascua, si se pone una malla de dos piezas, se siente un hipocampo. Aunque nadie le presta demasiada atención, ella está segura que todos notan que los elásticos de la malla, le hacen el efecto «bandoneón». Por si fuera poco, descubre con horror, que tiene más celulitis que el año pasado, y algunas estrías ya parecen cráteres lunares.

—No vengo más —dice enojada— me vengo cuidando todo el año con las comidas, mi vida es una ensalada con pan integral, y por venir de vacaciones y cenar a la par tuya, ¡estoy comiendo como un huérfano!

El hombre va a comprar y la mujer va de compras

Aunque todo hombre es demasiado básico para el gusto

general de cualquier mujer, tiene a favor que es pragmático al extremo y directo.

¿Cómo resume un varón el trámite de ir a comprarse una camisa?

—Buenas tardes, andaba buscando una camisa blanca.

—¿De que tipo?

—Blanca común, para usar con corbata.

—¿Que talle tiene?

—Large, me parece.

—¿Le gusta esta? ¿Se la quiere probar?

—No hace falta. ¿Seguro que es large?

—Segurísimo.

—La llevo.

Esto en versión femenina podría estresar a un monje tibetano que se instaló a vivir en la casa de las praderas junto a la familia Ingalls.

—Quiero un pantalón que sea tiro largo, pero no muy largo, que sea moderno, pero tampoco algo muy «onda adolescente» (porque a mi edad no creo que me quede), pero que tampoco sea antiguo y parezca una vieja, fíjese también que no me achate la cola y que me oculte los rollos de la panza y fíjese que no me haga petisa, porque hay pantalones que me achican y otros que me estilizan, debe ser por el corte.

Si la atendiera un hombre promedio, la respuesta más adecuada sería:

—¿Pero usted que busca? ¿Un pantalón o un milagro?

Es que los varones entienden que la ropa viste lo que hay. A él, nunca se le ocurriría decir:

—Véndame un pantalón que no me marque la panza.

Como toda solución, le hace dos agujeritos más al cinturón, y solucionado el inconveniente.

Pero como en general suele ser una vendedora, sonríe hábilmente entrenada para no perder la calma y hacerle creer a las clientas que están haciendo un pedido normal.

—Me gustaría probarme todos los colores y modelos que tenga.

—¿Recuerda qué talle tiene? —le pregunta la vendedora sabiendo de antemano que no se deshará de ella por las siguientes tres horas y media.

—Soy un talle medium, pero quiero llevarme un talle small, así me obligo a adelgazar.

Esa es la incongruencia más sorprendente de todas las que he escuchado alguna vez. ¿Cómo se entiende que un pantalón un talle mas chico la obliga a adelgazar?

Sería como entrar a una zapatería y decir:

—En realidad calzo talle 40, pero déme un 37, así me obligo a achicar el pie.

Y lo mejor que le puede pasar al esposo es no estar allí para emitir su opinión, porque todo lo que diga puede ser utilizado en una corte marcial en su contra.

—¿Cómo me queda, amor? ¿Me marca mucho?

—¿Eh?

—Mire que ahora se usan ceñidos —interrumpe la vendedora al ver la cara y la escasez de neuronas en el esposo.

—¿Lo ves muy ajustado, amor? —insiste ella buscando la aprobación del esposo.

—Está como puesto a rosca...

—Haga una cosa —vuelve a interrumpir la vendedora, mirando al marido de la clienta con odio— lléveselo a su casa y se lo prueba tranquila. Cualquier cosa, lo puede devolver.

Y ahí sin más, concretó la venta. Las vendedoras conocen las palabras mágicas: «cualquier cosa lo puede devolver». Esa es una frase que cualquier mujer promedio no está capacitada para resistir, es similar a una propuesta de casamiento o la promesa de comprarle una barra de chocolate para ella sola.

Eso mismo jamás funcionaría con un hombre, de solo pensar que existe la posibilidad de tener que volver, es capaz de comprarse una máquina para remover nieve aunque viva en el Caribe.

Por otra parte, un hombre que se prueba más de tres cosas, siempre termina comprando algo, para que el vendedor no se ofenda o caiga en un pozo depresivo.

—¿Para qué te compraste esa camisa que al final nunca te pones? —preguntará ella.

—No me gusta, pero la compré porque lo tuve al vendedor mostrándome camisas por más de media hora.

—¿Y?

—No sabes lo feliz que se puso cuando se la compré.

Sin embargo, la mujer es capaz de hacer trabajar a la vendedora el día entero, para luego decir:

—Bueeeeeeeeno, cualquier cosita, paso en otro momento.

Mientras que el esposo que la acompaña, rojo de vergüenza, considera seriamente en hacerse una cirugía para cambiarse el rostro.

Esa diferencia también se nota cuando el hombre va a comprarse un par de zapatos y por supuesto, se prueba solo un pie.

—¿No quiere probarse el otro?

—¿Seguro que el otro es el izquierdo?

—Segurísimo.

—Entonces no hace falta.

Es que cualquier hombre sabe que hasta el día en que se muera tendrá un pie derecho y otro izquierdo y que los dos, gracias a Dios y hasta donde él sabe, son iguales en tamaño.

Una mujer, en cambio, esta capacitada de manera plena para hacerle bajar toda la zapatería al vendedor, probarse todos los modelos (incluyendo los que hará sacar de la vidriera) y caminar con ellos por toda la tienda, sabiendo que al final no va a comprar nada.

Y si al fin compran algo, apenas salen de la tienda, todas

las mujeres del mundo dirán exactamente cualquiera de las siguientes frases:

a) Yo lo sigo viendo grande, como que me sobra de los costados. Pero me dijeron que si no me gusta, puedo volver y cambiarlo.

b) Nunca me gusta comprar aquí porque atienden mal; no estoy muy convencida de lo que me llevo, pero me dijeron que si no me gusta, puedo volver y cambiarlo.

c) Nunca más te pido que me acompañes, me apuras todo el tiempo y termino comprando cualquier cosa. Menos mal que me dijeron que si no me gusta, puedo volver y cambiarlo.

d) ¡No puedo creer que los mismos zapatos que acabo de comprarme, están un diez por ciento más baratos en este otro negocio! Tenía que haber recorrido un poco más, pero como siempre, tú estás apurado y así no se puede ver nada tranquila. Lo único bueno, es que me dijeron que si no me gusta, puedo volver y cambiarlo.

Capítulo 4

Un latino suelto en los Estados Unidos

Siempre mantuve la idea que la subestimación lati-na no ha nacido en los norteamericanos, sino en nosotros mismos. Por ejemplo, a nosotros nunca se nos ocurre decir que también somos america-nos, cuando nacimos en el mismo continente. En mi caso particular que nací en Argentina, ¿soy europeo? no. ¿Asiático? menos. ¿Africano tal vez? claro que no, sin embargo nos cuesta decir que también somos americanos.

Una vez que tenemos en claro que compartimos el mismo continente, me gustaría hacer algunas oportunas apreciaciones.

Debemos reconocer que sí existe una diferencia abismal entre hispanos y norteamericanos, en principio, es debido a que nosotros hemos hecho todo un arte de la improvisa-ción y del arreglarnos «con lo que haya». Tranquilamente, el director de una película latinoamericana podría ser el mismo que barre y prepara la comida para el elenco entre toma y toma. Sin embargo, eso sería completamente impensable para un norteamericano. En Estados Unidos el que enrosca la lámpara no es del mismo gremio que el encargado de desenroscarla. Ellos han desarrollado el arte de la especialización.

Hace unos años estaba convencido que Aerolíneas Argentinas era un estilo de Universidad intensiva del aire, ya que todos los albañiles o peones que salían de Buenos Aires llegaban a Estados Unidos como ingenieros, técnicos especializados o arquitectos. Luego me di cuenta que era una cuestión solo cultural y de semántica.

Tengo un amigo que hace poco se fue a probar suerte en el gran país del Norte y ya tiene una tarjeta personal que dice: «Fulano de Tal, CEO, Señor Sales manager. Intenational Group, Painters Companies».

Cuando lo felicité por todo lo que había logrado en tan poco tiempo, le pregunté:

—Exactamente, ¿a qué te dedicas ahora?

—A lo mismo que hacía en Argentina: pinto paredes. ¿No leíste mi tarjeta?

Si siguiera viviendo en Buenos Aires, a lo sumo hubiese pegado un cartel de chapa en la puerta de su casa que dijera: «Hago trabajos por hora, pintamos paredes y también cavamos pozos, preguntar al fondo por Cacho», en cambio allá, todo suena mucho más glamoroso y especializado.

En ocasiones, y cuando presentamos nuestro show en alguna parte de Estados Unidos, más de cincuenta personas hemos tenido que parar de trabajar, por esperar al encargado de colocar una simple escalera para arreglar un telón.

—¿No podríamos ir adelantando? ¿No podemos poner la escalera, cualquiera de nosotros? —he llegado a preguntar como un hispano ignorante, viendo a la escalera que se me moría de risa junto a la pared.

—¡OH, no! —respondía el *gringo* violentado como si le hubiese propuesto tomar por asalto un casino de

Las Vegas— debemos aguardar al encargado de la escalera, acabamos de llamarlo y estará aquí en menos de dos horas.

—¿Dos horas esperando a un tipo para que ponga una escalera que está ahí? —insistía confundido por completo.

—Así es. Él es el único que puede tocarla y tiene el seguro para hacerlo. No es nuestro gremio.

En dos oportunidades, traté de acercarme a la escalera, pero me fulminaron con la mirada como si estuviese por desconectarle el respirador a un enfermo en terapia intensiva.

A las dos horas exactas, llegaba el «ingeniero de la escalera». Silbando bajito, hacía un gesto parecido al intento de un saludo, abría la escalera y la paraba debajo del telón.

—OK, ahora podemos continuar —decía el otro *gringo*, como si un médico hubiese terminado de realizar una operación a corazón abierto.

No quise ni preguntar que diría la tarjeta personal del encargado de mover la escalera, pero estoy seguro que debería sonar importante.

Ahora entiendo porqué en las películas americanas, el delincuente cruza la línea de un estado a otro, y los policías que vienen persiguiéndolo durante tres semanas, se detienen justito un centímetro antes de la rayita amarilla y dicen:

—¡Por todos los cielos! Lo siento, comisionado, lamento informarle que el asesino serial acaba de salir de nuestra jurisdicción. En este momento, lo tengo sonriendo frente a mí, pero no podemos tocarlo, señor.

—Está bien oficial, regresen, ahora es asunto del FBI.

En cualquiera de nuestros países lo hubiesen acribillado por las dudas, y después, si es muy necesario, arrastran el cadáver hasta este lado de la rayita.

Es que los hispanos, como dijo Joan Manuel Serrat, vamos haciendo camino al andar, en cambio los americanos, ya tienen el camino hecho, que no dudo que les haya costado varios millones de dólares el simple hecho de pavimentarlo.

En mis innumerables visitas a ese país, me he dado cuenta que ellos te hacen el favor de hacerte pensar lo menos posible. Tranquilamente, cada vez que entras a los Estados Unidos, podrías prescindir del cerebro o usarlo lo menos posible.

Un claro ejemplo es que en cualquiera de nuestros países, un pedido al camarero podría ser más o menos así:

—Maestro, ¿cómo vienen las pastas hoy?

—No se las recomiendo. Lo que sale rápido y está muy bueno, es el carpaccio de lomo al champignon con papas noisetes.

—Está bien, pero quiero la mitad de uno nada más, porque estoy medio inapetente, y que salga con papas fritas y tráigame también un platito con puré de calabaza aparte, con poca sal.

—Listo. ¿Lo quiere acompañar con alguna entradita? Tenemos unos langostinos empanizados que son una delicia, una pavita con salsa del bosque que también esta muy buena...

—No sé... me tienta la ensalada tibia de endibias y algunas alcaparras para ir picando algo... con un toquecito de aceite de oliva, ¿puede ser?

—Listo, se la mando a preparar. Para tomar, ¿desea algo especial?

—Un agua mineralizada sin gas y un vino de la casa que no esté muy seco, por favor.

Todo este interesante y constructivo diálogo sería materia de ciencia ficción en Estados Unidos. Allá, el mismo diálogo con el camarero se resumiría así:

—¿Qué se va a servir?

—No sé... no me decido.

—Cuando se decida, llámeme, mi nombre es John —dice señalando el cartelito en su pecho.

En nuestros países jamás se nos ocurriría preguntarle el nombre al camarero, sin embargo puedes entablar un diálogo que no tendrías ni con tu propia madre a la hora de comer.

En Estados Unidos, en cambio, lo primero que te enteras es del nombre del tipo, que por cierto, el saber que se llama John te resulta más inútil que un equipo para esquiar en Ecuador.

—Es que... no sé qué elegir —insistes, tratando de despertar algún vestigio humano en «John».

—Tiene combo uno, combo dos, combo tres o combo cuatro. ¿Con cuál quiere que lo ayude?

La amable pregunta «¿con cual quiere que lo ayude?», significa que si no entiendes que eso verde que aparece en la foto y cuelga de la hamburguesa es lechuga, él te lo corroborará con mucha cortesía. Lo mismo si tienes dudas acerca del tomate o el *ketchup*.

Mientras que en nuestros países el camarero necesita ser un «sicoanalista especializado en el arte culinario», allí podría atender las mesas el mismísimo Bernardo, el inseparable sordo y mayordomo de Diego de la Vega.

—Y para... tomar ¿qué hay? —pregunta uno con la leve ilusión que hayan dejado algo librado a nuestra voluntad.

—Todo lo que elija viene con bebida cola, ultra grande.

Ese es el otro gran detalle, por veinte centavos de dólar más, todo puede transformarse en ultra-hiper-macro-extra-súper grande. Y la primera vez que pisas suelo norteamericano, le dices a tu esposa:

—Es increíble, pensar que en nuestro país, no te dan un vaso tan grande. Aquí puedes tomar todo lo que quieras. Y lo mismo con el café, es libre, todo lo que quieras —dices sorprendido como si el mismísimo Juan Valdéz estuviera moliéndote los granos al instante.

Pero luego te das cuenta que ni aunque viajaras con todo el curso escolar de tu hijo y el regimiento de granaderos a caballo, jamás podrías terminarte el inmenso balde industrial que te sirven con refresco o café.

En restaurantes un poco más exclusivos, me ha pasado de señalar un gran trozo de carne y acto seguido, trata de pedir:

Monólogos de Dante Gebel

—Quiero este bistec, pero por favor, sin esa salsa dulce que le ponen encima.

Eso fue como si le hubiese dicho que luego de la cena iba matar a puñaladas a su madre para luego cortarla en pedazos y arrojarla al río Tennesse. El camarero molesto al extremo, me miró contrariado y me dijo:

—Lo siento, la carne ya viene con la salsa.

—Entiendo, pero a la mía, no se la pongan.

—Es que viene con ella.

—A ver si nos entendemos: debe haber un momento exacto donde el chef le pone la salsa a la carne, ¿no es cierto?

—...

—Bueno, justo un segundo antes de llegar a mi plato, no le pongan salsa, ¿estoy pidiendo mucho?

—La carne ya viene con la salsa, si quiere, puede pedir otra cosa —me decía el camarero como si le estuviese pidiendo si no me podía llevar a dar una vuelta por el Pentágono.

—No quiero otra cosa, quiero la carne sin la salsa.

—Mi amor —interrumpió mi esposa tratando de calmar los ánimos— ¿por qué no pides una hamburguesa con papas fritas?

—¡Porque no quiero hamburguesa con papas fritas! ¡Quiero esta carne, y sin la salsa!

—Voy a hablar con el gerente... pero no creo que podamos traerle la carne sin la salsa...

—Pregunto: ¿la vaca ya viene con la salsa puesta? ¿Quiere qué regrese mañana temprano antes que le coloquen la salsa a la carne? ¿Preferiría qué vayamos a buscar la vaca y le hagamos un seguimiento hasta el instante preciso en que le ponen la salsa?

Todos mis lógicos argumentos no sirvieron de nada. Luego de hablar con el gerente, terminé comiéndome una hamburguesa que compartí con mis hijos.

Con los años me di cuenta que el americano promedio no tiene mala disposición, sino que tiene otra concepción de tiempo y sentido común que los hispanos no dominamos.

Un joven estadounidense logra conseguir empleo en un negocio de comidas rápidas, y antes de ponerlo detrás del mostrador, cierto personal especializado le da un seminario intensivo de como atender al cliente y cuánto debe esforzarse para llegar a ser «el empleado del mes». En medio del curso, estoy casi seguro que le dicen:

—Luego de hacerle el correspondiente pedido a los cocineros acerca del combo solicitado por el cliente, tomen el vaso mediano (no olviden ofrecerle el ultra-hiper grande por veinte centavos más) le colocan hielo y le sirven exactamente dos chorros de la máquina expendedora de refrescos.

Y listo. Al empleado le ingresan un micro chip y lo programan para dos chorros de refresco, además del hielo, porque alguien ya pensó (supongo que los genios inventores de las cadenas de comidas rápidas) que de esa manera se llena el vaso hasta el tope. Y el empleado se enajena, congela la sonrisa y parte hacia su destino con una actitud similar a cuando Terminator II decía: «No exterminar vidas humanas, proteger al elegido», a diferencia que este dice: «Ponerle hielo al vaso, después dos chorros de refresco».

Es exactamente allí cuando llega un hispano como yo, para arruinar todo ese cuidadoso engranaje de relojería:

—Un combo tres, pero mi refresco sin hielo.

La próxima vez que vayas a uno de esos negocios, hazme el favor de hacer la prueba. Vas a ver que el empleado no te escucha, le pone hielo a tu vaso de manera autómata y le sirve dos chorros de refresco de la máquina.

—Te pedí sin hielo, por favor.

El empleado seguirá ignorando tu pedido, como si tuvieras un pequeño retraso mental del cual no estás muy consciente, y si insistes demasiado, irá con el gerente y le dirá:

—Alerta rojo. Tenemos a un insurrecto, un disidente hispano.

Quiere que le dé su refresco sin hielo —y en seguida hará sonar alguna alarma alertando al personal de seguridad.

Es que a ningún americano normal se le ocurriría prescindir del hielo. Supongo que este es un tema digno de investigar con seriedad, quizás sus antepasados sufrieron la falta del frío, o tal vez se hayan hecho dueños de todo el Polo Norte y lo están desintegrando en pequeños cubos de hielo, sin que nos demos cuenta.

Cuando ocurrió el lamentable desastre natural Katrina, recuerdo que veíamos las devastadoras noticias por televisión a través de la CNN. Las inundaciones, las casas arruinadas, y las largas filas por gasolina, denotaban el perfil más frágil de uno de los países más poderosos del mundo. Sin embargo, cuando llamé a mis amigos de Estados Unidos para preguntarles como sobrellevaban la tragedia, todos ellos coincidían en lo mismo:

—¡Esto es terrible! Nunca hemos vivido algo así, ¡se está acabando el hielo!

Yo pensé que me hacían una broma, pero al notar que luego de la palabra «hielo» se ponían a llorar sin consuelo, opté por quedarme callado y respetar su luto.

Otra de las cosas que nos diferencian en forma abismal con los americanos es el concepto del tiempo. Para ellos, las siete de la tarde, significa una sola cosa: las siete de la tarde.

Para un hispano, en cambio, las siete de la tarde, tiene un significado mucho más profundo. Tranquilamente podríamos estar hablando de:

Las siete y cuarto.

Las siete y media.

Pasaditas las siete.

Siete y cuarenta.

Después de las siete, en cuanto pueda.

Entre las siete y las ocho, en cualquier momento.

Ocho menos cinco.

Es que no cabe la menor duda que nuestro lenguaje y significados son mucho más amplios que el básico lenguaje norteamericano.

Para un hispano, una sola palabra puede tener una infinidad de significados, por ejemplo el «ahorita» puede encerrar un sin fin de posibilidades:

En cuanto me desocupe.

Mañana a primera hora.

Esta semana, sin falta.

Un día de estos.

En este año.

Algún día, si Dios quiere.

Por otra parte, los latinos estamos acostumbrados a que nos tengan que repetir las cosas más de una vez. Si vives en cualquier país hispano y tienes a un empleado a tu cargo, debes saber que nada de aquello que digas una sola vez, te lo tomará en serio.

—¿Hiciste el balance que te pedí ayer?

—No, jefe.

—¿Por?

—Como me lo dijo una sola vez, pensé que no era importante.

Un empleado hispano comienza a darle importancia después que se lo repites por tercera vez, allí es cuando piensa: «Vaya, me parece que lo voy a tener que hacer...». Tampoco hay serias garantías que lo haga, pero ya lo empieza a considerar, lo cual es un avance importante.

En cambio, un americano puede ofenderse de por vida, si osas repetirle lo mismo dos veces.

Recuerdo que cierta vez hablábamos con el manager de una banda americana y en medio de la conversación, me lanzó una frase escueta y puntual:

—Llegaremos el jueves en el vuelo de American.

Luego hablamos de otros detalles, y antes de colgar el teléfono, acostumbrado a tratar con los de mi especie, le dije:

—Entonces, ¿el jueves en el vuelo de American?

El *gringo* se quedó absolutamente callado del otro lado de la línea y supuse que la comunicación se había cortado.

—¿Hola? Decía que entonces seguro, ¿el jueves en el vuelo de American? —volví a preguntar.

—¿Qué parte de «el jueves en el vuelo de American» no le quedo claro? —me dijo con un tono cambiado por completo, a la camaradería que venía manteniendo hasta ese momento.

—No... Si... solo que quería ver si... yo decía...

El hombre colgó el teléfono, y por supuesto me quedé con la duda si era seguro que llegaría ese jueves en el vuelo de American.

Es por una razón similar que cuando viajamos a ese país, nos cuesta horrores entender que si el restaurante cierra a las ocho de la noche, no nos servirán el pollo frito a las ocho y un minuto, aunque veas a los pollos sonriéndote detrás del vidrio.

Otro de los detalles concluyentes que terminan por ponernos en veredas opuestas es el concepto que ambas culturas tienen acerca de las reglas. Mientras que ellos interpretan que son para cumplirlas sin la más mínima objeción, para el hispano promedio son «una humilde sugerencia».

Un simple «alto» escrito en la acera de cualquier calle estadounidense, aunque sean las tres y cuarto de la madrugada y haya menos gente que el desierto de Afganistán, será mas que suficiente para que cualquier ciudadano americano clave los frenos de su automóvil y mire hacia los lados como si de la nada, fuese aparecer un tren bala que se lo lleve puesto.

En más de una ocasión, he estado regresando de madrugada de algún lugar y casi salgo despedido por el parabrisas, cuando mi amigo *gringo* parecía que hubiese echado un ancla en el asfalto:

—Uf. Estuvo cerca —decía como quien acaba de salvarse de una explosión atómica— ¡por poco me paso un «stop»!

En la mayoría de nuestros países, un semáforo en rojo a la hora pico, significa:

«Si yo fuera tu, aminoraría un poco». Y el verde y el amarillo, directamente no tienen mayor sentido, deberían sacarlos para evitarle confusiones a los daltónicos.

Aparte de las grandes diferencias, los hispanos no tenemos nada que envidiarles a los americanos, también tenemos cosas por las que enorgullecernos y las que ellos nunca nos podrán superar, aunque lo intenten fallidamente.

Está claro que nunca van a poder comparar la frialdad aburrida y gélida de su *Superman* con la simpatía arrolladora y el calor humano de nuestro Chapulín Colorado.

Capítulo 5

Ingleiyon elemental

C uando era más chico, siempre pensé que aprender otro idioma no me serviría de nada; con el correr de los años y la cantidad de giras (paso la mayor parte del año viajando por el mundo) me di cuenta del grave error de subestimar el idioma inglés.

Los que no contamos con la dicha de ser bilingües sabemos lo que se sufre, en especial a la hora de viajar a los Estados Unidos. La mayoría de los americanos hacen un enorme esfuerzo para comprender a un humilde hispano que solo habla el castellano, pero otros (por fortuna la minoría) si no te entienden, no te atienden.

Lo sorprendente es que una gran parte de los habitantes de los países hispanos hablan a la perfección los dos idiomas. Los únicos que tenemos un serio problema con el idioma inglés somos los argentinos, a lo mejor, porque creíamos que tarde o temprano, todo el mundo iba a terminar hablando como nosotros. Lo cierto, que así como es imposible que un argentino reconozca que desconoce algún tema de cualquier índole o que hable en voz baja, así también es reacio a tener que aprender otra lengua.

Quizás hemos subestimado el idioma de los norteamericanos porque todos pensamos alguna vez, que aprender inglés era sumamente fácil.

«Cualquier día de estos, me pongo a estudiar y termino hablando inglés en menos de un mes» pensamos de manera ilusa.

De hecho, toda mi vida me la pasé practicando un dialecto muy parecido que bauticé: «Ingleiyon elemental», que consiste en agregarle «eiyon» a cualquier palabra, trabar un poco la lengua ¡y ya dominas el inglés básico para impresionar a cualquier hispano que nunca haya pisado los Estados Unidos! Deporteiyon, alimenteiyon, monologueiyon, y así puedes armar una infinidad de palabras, sin la agobiante necesidad de tener que aprender esos famosos cursos de idiomas en fascículos. No es inglés, pero se le parece bastante.

El tema del idioma es más profundo que la sencilla limitación idiomática. El verdadero problema es la baja estima de los que no hablan inglés, nadie quiere admitir que no domina la famosa lengua de los americanos. Cuando alguien asiste a una entrevista de empleo, pone cara de estudioso y dice con seguridad:

«Bueno, no lo hablo fluido, pero me defiendo bastante».

¿Qué querrá decir con que «se defiende bastante»? ¿Qué si lo atacan en la calle puede gritar en perfecto inglés «¡Stop! ¡Don't touch me!»?

«Yo no lo hablo, pero lo entiendo a la perfección» dicen otros.

¿Cómo se explica esa barbaridad? Es lo mismo a que vayas a la universidad y el profesor te diga:

—¿Estudió Hernández? ¿Puede dar la lección oral?

—Me tendrá que disculpar, señor. Yo lo estudié, lo entiendo a perfección pero no lo hablo. Si quiere, diga la lección usted y yo le voy diciendo si va bien.

—Yo hablo el inglés británico, por eso no me entienden
—dicen algunos levantando una ceja, como diciendo «estoy en un nivel más alto».

Claro, y yo hablo el ingleiyon, que es más o menos parecido. La vieja excusa de los que alegan que dominan el inglés británico es tan ridícula como que yo diga que no puedo hablar español porque domino el castellano de Madrid.

Es vital aclarar que mi esposa habla bastante bien y me sirve de traductora, pero los viajes que voy solo me han ayudado a hablar el «ingleiyon nivel Tarzán». Mi teoría es tratar de comprender aunque sea una sola palabra de lo que el americano me está diciendo, y yo responderle con alguna otra palabra clave que solucione mi problema.

Una conversación mía, traducida al español, sería más o menos así.

—¿Puedo ayudarlo en algo, señor? ¿Qué se va a servir para beber? (esto en perfecto inglés, obviamente).

—Mi... Agua, beber, hielo no (con mi inglés básico que ni vale la pena traducir aquí).

—Perfecto. ¿Ya pensó que quiere cenar?

—Cenar. Si. Yo.

—Pregunto si ya se decidió ¿o prefiere leer el menú?

—Cenar, si, yo, ahmmm (los que no sabemos inglés estamos convencidos que el «ahmmm» siempre ayuda a hilvanar una buena conversación en ese idioma) carne, cenar, yo.

Si ya es difícil hablarlo, mucho más leerlo, de igual modo, siempre acabo señalando alguna fotografía de algún combo y diciendo:

—Esto.

—¿Lo prefiere término medio, cocido o jugoso?

—Sí. Esto.

—Dije si lo prefiere término medio, cocido o jugoso.

—Sí, gracias, ahmmmm, esto.

El camarero, ya molesto, me señala la foto del bistec y vuelve a preguntarme, hablando de modo más pausado:

—Le pregunté si lo prefiere término medio, cocido o jugoso.

—Sin hielo. Y bistec. Ahmmm...esto.

El camarero se retira resignado, moviendo su cabeza de un lado a otro. Pero no tiene de qué preocuparse, aunque me trajese el bistec caminando y chorreando sangre, yo no podría quejarme, ni objetarle nada. Ese, damas y caballeros, es el «Ingleiyon elemental» para lograr entenderse con lo básico. Algo similar me sucede cuando llego a chequearme en un hotel donde nadie habla español. Una conversación mía con el conserje, traducida al español, sería mas a o menos así:

- Hola, habitación. Mi. Noche (en mi estilo Tarzán)

-¿Tiene reservaciones, señor? (en su impecable inglés).

-Habitación. Mi. Noche.

-¿Ya estuvo hospedado alguna vez en este hotel?

- Habitación. Mi. Noche. Yo, ahmmm, poquito inglés, hablar (un forzado «je, je» nervioso)

-¿Cuántas noches piensa quedarse?

- Bien (con cara de «veo que por fin nos vamos entendiendo») ¿Noche? Ahmmm, dos. Mi. Noche, dos.

-¿Va a abonar en efectivo o con tarjeta?

-¿Nadie hablar español? (ya en un nivel de desesperación al notar que hace demasiadas preguntas por tratarse de una mísera habitación).

-Lo siento, señor, todos hablamos inglés; ¿Va a abonar en efectivo o con tarjeta?

-Ahmmm...

- Digo ¿Va a abonar en efectivo o con tarjeta?

-Ahmmm...

El conserje me muestra una tarjeta de crédito y un billete.

-Ah, OK, OK. Esto.

Ahora que lo pienso, en todos los hoteles y aeropuertos deberían haber fotitos con las opciones o algo similar al sistema braille y todo lo que un hispano puede necesitar sin tener la agobiante obligación de hablar inglés.

De igual manera, donde más sufro es en el departamento de migraciones de cualquier parte de Estados Unidos. Con tan solo mirarme a la cara, los americanos saben que no tengo la menor idea de lo que me están hablando. En la normalidad, apenas puedo balbucear algo con sentido, imagínate lo que puedo hablar luego de catorce horas de vuelo, sentado en clase turista. Estoy cansado, necesito entrar al país, y el oficial necesita entender por qué quiero hacerlo. En general, suelo escaparle a los morenos o a los que tienen la típica cara de Jhon Wayne, impecablemente rubios, un inmenso mentón y con los rasgos cortados a los hachazos, se que no tendría opción con alguien tan norteamericano. Siempre trato de buscar la fila donde el oficial tiene cierta cara de latino, (alguno parecido a Benicio del Toro o Andy García podría funcionar) de igual modo, casi nunca habla español, y la odisea vuelve a comenzar.

Dado que se supone que lo primero que quiere saber es mi razón del porqué quiero entrar a su país, lo único que tengo en claro es que a la primera pregunta que me haga debo responder en mi inglés básico:

—Conferencista.

Así que, como no entiendo lo que me dice, si algún día deciden cambiar la primera pregunta o decirme:

—Hace bastante calor hoy, ¿no lo cree?

Yo le seguiría respondiendo:

—Ahmmmm....conferencista.

Por suerte, siempre dicen más o menos lo mismo, y si algún día cambian la pregunta, puedes estar seguro que nunca me daré por enterado.

La segunda pregunta que siempre me hacen en migraciones es cuánto tiempo pienso quedarme y la tercera, es en dónde tengo pensado alojarme, así que decidí juntar las dos respuestas y decirlas a morir, hasta lograr que al fin me selle el pasaporte y me deje entrar al país.

-Tres días. Hotel.

Aunque luego decida hacerme cuarenta preguntas, hasta allí llegó mi esfuerzo y comprensibilidad del idioma. Aunque escucho que me sigue hablando, pongo cara de enajenado, coloco mi índice derecho en sobre el pequeño aparato y mantengo:

-Tres días. Hotel.

Si le resultó a ET, que pudo volver a su planeta diciendo únicamente: «My house», no veo porqué yo no pueda tener éxito.

No importa si el oficial se agarra la cabeza, habla con su colega o pierde los estribos. Tengo claro que lo mío no es mala disposición, es solo limitación idiomática, así que, poso ante la pequeña cámara fotográfica, y a todo lo que me pregunta sigo diciendo:

-Tres días. Hotel.

Me doy cuenta que la conversación terminó, cuando el oficial me sella el pasaporte como si me estuviese aplastando la cara, mientras grita:

-¡Next!

Eso significa que tengo que entrar rápido, antes que se arrepienta y me envíe de regreso a la Argentina. Pero me quedo tranquilo porque estoy seguro que le quedó bien claro que soy conferencista, estaré tres días y me hospedaré en un hotel, que después de todo, es lo único que le interesa saber. Convengamos que nunca nos habíamos propuesto entablar una relación de amistad duradera ni transformarnos en cuñados.

Mi esposa dice que admira como he podido viajar por todo el mundo sin haber aprendido todavía a hablar el idioma inglés. Yo siempre le digo que lo principal es aprender algunas palabras clave, y mantenerlas con los ojos vidriosos, como si lo que estás diciendo fuera lo único que tienes en la vida.

Cierta vez, estaba haciendo escala en Dallas, y mi esposa me decía por teléfono que lamentaba no estar conmigo para ayudarme, porque de ese modo, podría solicitar que me suban de clase turista a clase ejecutiva, a cambio de las millas acumuladas. Debo reconocer que a mi esposa le gusta encontrar las palabras adecuadas, si fuese por ella, se pondría frente al mostrador de la aerolínea y le diría en un perfecto inglés:

«Disculpe, señorita, lamento molestarla, presumo que está ocupada. Sucede que viajamos desde Los Ángeles rumbo a Buenos Aires, y es por ello que estamos haciendo esta escala técnica en la ciudad de Dallas. Mi esposo es viajero frecuente de vuestra empresa y nos agradaría sobremanera el contemplar la posibilidad de poder acceder a los asientos ejecutivos, a cambio del millaje acumulado. ¿Necesita el número de socio para iniciar el trámite?»

Todo eso, en versión Dante Gebel es mostrarle mi tarjeta de viajero frecuente y decirle:

«Up grade» (que me dijeron que significa subir de clase).

No importa lo que me diga luego o lo que trate de explicarme a partir de entonces, para mí, es lo mismo que si me hablara en sánscrito o arameo.

Así que, aquella vez, puse cara de zombi, miré fijo a la empleada de la aerolínea y le dije hasta el cansancio:

«Up grade, up grade, ahmmmm...up grade».

Es obvio que viajé en nivel ejecutivo, y estoy seguro que lo hicieron para no tener que escucharme más.

Tengo varios amigos que viven en los Estados Unidos y siempre me aconsejan que debiera aprender el idioma viviendo un tiempo en ese país. Pero lo que ellos no saben es que lo único que podría lograr es que me pasen a clase ejecutiva y me traigan un bistec sin hielo.

Otros me han dicho que lo mejor es aprender el idioma en mi país, pero con un profesor nativo. Alguien que haya nacido en el gran país del norte, y debo decir que lo intenté; en cierta ocasión, quien pretendía enseñarme me dijo en español, literalmente:

«Hola, mister Dante, que buena que va a ser a su "vido" el saber "la idioma nuevo", usted va a ver que mas fácil hablar "la inglés" que "la españoul"».

Ahí es cuando pensé: Si este hombre habla el inglés como maneja el español estoy perdido. Porque si así habla el castellano, ¿quién me asegura que habla bien el inglés?

¿Cómo sé que no me está enseñando un gangoso o alguien que es tartamudo si yo no puedo darme cuenta?

Por otra parte, una cosa es aprender inglés, donde vas pronunciando las palabras con lentitud y otra cosa es cuando te habla un americano, que suele resumirlo todo, inventarse un acento, y hablarte como si el mundo se acabara en los próximos cinco minutos. ¿Cómo quieren que los entienda si me hablan tan rápido? de hecho, cuando eso ocurre, comienzo a hablarles español lo más veloz posible; obviamente no llegamos a nada, pero siento que se queda tan frustrado como yo. Me fascina pensar que esa noche llegará a su casa, su esposa correrá a abrazarlo y el le dirá:

«Lo siento, no estoy de humor hoy. Conocí a un hispano muy interesante, pero me hablaba tan rápido que no pude comprender nada de lo que me dijo. Ahora tendré que irme a la tumba sin saber qué me quiso decir».

Otra de las cosas que me sorprende es que en muchas ocasiones, he ido a almorzar a esos negocios de comidas rápidas y sentí un profundo alivio al ver un cartelito que decía «Ramón Mendía» en la chaqueta del empleado, que además, obviamente lucía como un latino.

Bueno, aquí puedo relajarme, pensaba, hoy podré comer otra cosa que no sea un bistec casi crudo.

Pero para mi sorpresa y por una simple razón de baja estima, el caballero simulaba no entender el español y me obligaba a regresar a mi «Ingleiyon elemental». Debo reconocer que en esos momentos, he estado tentado a decirle en perfecto español:

«OK, como tú quieras; en un instante te haré el pedido en mi inglés básico, pero sé que me estás entendiendo. Escucha lo que voy a decirte: eres tan hispano como yo, tus padres son tan latinos como los míos y no puedo creer que tengas vergüenza de hablar en tu propio idioma. Y no te ofendas, porque se supone que no comprendiste nada de lo que acabo de decirte ¿no es cierto?»

Eso es algo que jamás haríamos los hispanos en nuestros propios países. En general, cuando nos topamos con turistas americanos en Argentina, hacemos lo imposible por comprenderlos y ayudarlos. Y hasta solemos fingir cierto acento gringo para que no extrañen tanto a su tierra y se sientan como en casa. Cuando vemos a alguien con sombrero del far west, botas tejanas, y una chaqueta de colores chillones que nos pregunta:

—¿Sorry, conoce... ah... la street... nueve de Juliou?

—Yes, yes, very fácil... tú... you, ahmmmm, allí, street que lo lleva al obelisqueiyon, je, je... gut, allí, preguntar... so... trafiqueiyon bárbaro... guarda que hay muchos automovileiyon.

Por eso, no creo que haya que complicarse demasiado la vida. Yo creo que si los americanos se quieren comunicar, tienen que aprender el español, y si no, cuando los hispanos vayamos a los Estados Unidos, que se mueran de curiosidad y se queden con la espina.

Capítulo 6

No te metas en mi vida

A través de los años, me he dado cuenta que muchos padres tienen problemas de comunicación con sus hijos, por la sencilla razón que no logran comprenderlos. Por tal razón, y antes que te decidas por hacerle una lobotomía, me he propuesto escribir algunos sencillos conceptos para que logres comprender a tu «retoño en estado de ebullición».

En primer lugar, no es lo mismo tener un hijo, que tener un hijo adolescente. Son dos seres totalmente distintos. El primero hace monerías, juega, es simpático, te da satisfacciones; el otro, la última vez que habló como un ser humano normal, tenía 13 años. A partir de allí, comenzó a gruñir y emitir sonidos guturales, que solo algunas madres, con mucho esfuerzo, logran descifrar.

Cuando era chiquito solía regresar del colegio y contarte todo lo que había hecho, aquello que lo había sorprendido y hasta la nueva canción que había aprendido de memoria. Ahora, cuando le preguntas cómo le fue, te mira con profundo desprecio y desliza entre dientes una frase que lo acompañará en gran parte de su crecimiento:

«No te metas en mi vida».

Si eres una madre, es muy probable que ahora mismo estés diciendo:

«¡Jah! ¡"Mi vida"! ¡Yo sigo lavando y planchando su ropa, le preparo el desayuno, el almuerzo, la merienda y la cena, su padre paga todos sus gastos (incluyendo las llamadas telefónicas) y él cree que tiene "una vida"!»

Quiero aclararte que te comprendo desde lo mas hondo de mi corazón, pero con esos nervios no vamos a ir a ninguna parte, así que ármate de paciencia y continúa leyendo.

Es muy probable que tu hijo adolescente apenas llega al hogar, se encierre en su cuarto, y se disponga a invernar junto a su inseparable computadora, y no sepas nada más de él hasta la hora de cenar. Y si le dices que arregle su habitación, volverá a mirarte con la misma cara de desprecio y te dirá:

«No te metas con mi cuarto».

Sé que también notaste esa frase: «Mi cuarto». Estoy de acuerdo contigo en que si tu hijo no tiene derecho a una vida propia, mucho menos a un cuarto privado que dicho sea de paso, ni él construyó y jamás pagó la renta. Pero por tu propia salud mental, debes saber que si te animas a entrar en la habitación de un hijo adolescente, la experiencia es similar a caminar sobre las ruinas de Kosovo. La chaqueta debajo de la cama, la camisa arrollada atorando la puerta, las medias en el velador y el calzoncillo sobre la computadora.

—¿Pero cómo puedes dormir en medio de todo este desorden?

—Yo me entiendo, y no me toques nada. Ya te dije que no te metas en mi vida.

Ese es el otro gran detalle: ni se te ocurra intentar acomodar sus cosas, porque sentirá que estás invadiendo su privacidad, y por si no te quedó claro, también su vida, por supuesto.

Básicamente, un adolescente podría sobrevivir en una isla desierta con solo tres elementos: la cama, la nevera y la computadora. Y conste que puede estar con ellos tres sin siquiera tener que abrir la boca, excepto para comer frente a la nevera, claro.

Él podría estar como una crisálida o una marsopa despatarrado en la cama hasta las doce del mediodía, todos los días por el resto de su adolescencia.

Para levantarlo de la cama, un domingo por la mañana, necesitas un poderoso don de milagros o bien desarrollar el preciado don de la paciencia.

En primer lugar, y siempre en pos de conservar tu propia salud mental, debes tener en cuenta que un adolescente no descansa como lo hacía de niño, que te daban ganas de arroparlo y era una delicia el simple hecho de poder contemplarlo dormido.

Un adolescente duerme desparramado de tal forma, que no sabes donde termina la cama y dónde comienza tu hijo. Los dos son un solo elemento. Quizá si le dieras la oportunidad de dormir en ese mismo cuarto a cinco perros callejeros, o a siete borrachos que regresan de una despedida de soltero, conservarían mejor el orden y la limpieza. Otra de las cosas que jamás se te debe ocurrir hacer, es abrirle la ventana. Un adolescente prefiere moverse entre penumbras, de ese modo, no se le notan los puntos negros de la nariz y el acné, entre otras cosas que evitaremos enumerar por cuestiones de buen gusto.

Un adolescente jamás quiere que le revises sus cuadernos, ni le abras los cajones porque dice que ya es un adulto y necesita privacidad. Eso si, debes tener en cuenta que te dejará el calzoncillo usado en medio de la habitación, como si se tratara de una obra de Van Gogh en una exposición de arte, para que no olvides que tienes que lavárselos.

Y no se te ocurra tampoco tirarle sus zapatillas favoritas, o su camiseta favorita, o su gorro favorito, o su pantalón favorito. En general lo «favorito» es algo, que si se lo das a un indigente que pide limosna en la esquina, te lo devuelve ofendido por completo.

Es que un adolescente usa la ropa según la «fiebre» que le agarre por determinada prenda. Si a tu hijo se le da por usar unas zapatillas a las que él considera «favoritas» por alguna razón, vas a tener que intervenirlo de manera quirúrgica para poder quitárselas. Y cuando eso ocurre, que en general es de noche, le harás un bien a la comunidad, ya que los roedores y las alimañas del vecindario no soportarán el olor nauseabundo que despiden las zapatillas «favoritas» de tu preciado hijo y abandonarán la ciudad de inmediato. Cada vez que se las quite, habrá interferencias en los teléfonos celulares, ya que son similares a las armas químicas.

Ahora, hay algo que tiene que quedarte claro. Un adolescente no es una persona sucia, simplemente tiene un concepto diferente de la higiene y la limpieza de los demás mortales. Él no tiene la menor idea de lo que puede significar el talco para los pies, las sales de baño, los hisopos o la esponja. Un adolescente se mete debajo de la ducha o en la bañera y se queda del mismo modo que duerme, impávido e inmóvil sin siquiera enjabonarse, esperando que las dos horas y cuarto bajo el agua, produzcan el milagro de hacer desaparecer el olor de los pies. Luego, puede pasarse una hora más, tratándose de reventar los puntos negros de la nariz frente al espejo.

Aparte, como él cree que el resto de los mortales también son vegetales, cuando se mete al único baño de tu casa, jamás preguntará si alguien más necesita ir, solo se encierra, puesto que está convencido en lo absoluto que está solo por completo en todo el universo.

Es obvio que debes evitar preguntas inútiles e incomprensibles para un adolescente como:

«¿Te refregaste bien? ¡Mira como tienes el cuello! ¡Lo tienes negro! ¡Percudido! ¿Te pasaste la esponja? ¡Así no se te van a abrir los poros!»

Si tienes un hijo que apenas abre la boca, olvídate de que se le abran los poros.

Si por otra parte, logras que utilice desodorante, o perfume, o dentífrico, debes saber que él tiene que recuperar tiempo perdido, y por consiguiente lo hará «a lo bestia». Se pondrá desodorante hasta terminar con todo el frasco, se bañará en perfume como si fuese un desodorante de ambientes, y apretará el dentífrico por donde le de la gana, y volcará la mitad en el lavatorio.

Otro sano consejo, es que siempre que tu hijo adolescente abandone el baño, es conveniente enviar a demolerlo y construir uno nuevo. Es un enorme presupuesto, pero te evitará muchos dolores de cabeza a futuro.

Un hijo adolescente deja la ropa sucia flotando en el piso (dado que dejó rebasar todo el agua de la bañera) la toalla que después de secarse usó de trapo de piso para no mojarse los pies, talco diseminado por todo el cuarto, incluyendo las paredes y como detalle decorativo, si es un hijo varón, te orinará toda la tabla del inodoro, en un claro acto de terrorismo contra tus nervios.

También es muy probable que si a tu hijo ya le salen pelos en la cara, comience con la ardua tarea de afeitarse, y para que no te asustes, debes saber que un adolescente se afeita aunque hace apenas unos minutos, haya desayunado como un vikingo, y por consiguiente, y por un sencillo tema de digestión, se cortará toda la cara. Tu hijo se transformará en una carnicería ambulante. Que por cierto, como no sabe cómo detener la sangre, hará las mismas tres cosas que hacen todos los varones cuando terminan de afeitarse:

Se pondrá perfume en la cara, que le irritarán la piel y lo dejarán gritando como Macauley Culkin en «Mi pobre angelito».

Se secará con la toalla y la dejará empapada en sangre, de modo que al día siguiente todos pensarán que en el cuarto de tu baño se lavó los dientes el mismísimo conde Drácula.

Se llenará la cara de pedacitos de papel higiénico y saldrá así a enfrentar el resto de la familia, como si luciera para una cena de gala.

Otra de las cosas es que los adolescentes (salvo en rarísimas excepciones) se sacan las zapatillas sin desabrochar los cordones. Es que la gran mayoría de los varones se ponen y se quitan los zapatos sin desatarse el nudo, como para no tener que agacharse. Y cuando se sacan las medias se las quitan al revés y las dejan dadas vueltas, y para que tú puedas meterlas en el lavarropas tienes que colocarte una escafandra de oxígeno. E insisto, no pierdas la paciencia, debes saber que solo es un concepto diferente acerca del orden y la limpieza.

Un integrante adolescente de mi equipo, que para preservar su dignidad y futuro voy a mantener su identidad bajo reserva, no tuvo mejor idea que irse a vivir solo en un departamento. Él usa todos los vasos, hasta que se terminan los limpios, luego, se dedica a tomar directamente de la botella. Si alguien va a visitarlo, es lógico que le pregunte:

—¿No tienes más vasos?

—Lo siento, se me terminaron todos. Los que tengo están todos sucios.

Es decir, para un adolescente promedio, lavar algo sucio ni siquiera figura entre sus planes inmediatos. Solo utiliza lo que ya está limpio, y cuando se acaba, «Dios querrá que me las arregle de otra manera».

O quizá alguien va a abrir un cajón para sacar un plato y sin moverse de su sillón, él le advierte:

—Te sugiero que no abras allí. Hay una cucaracha grandísima.

—¿Desde cuándo?

—Desde que me mudé acá, hace unos dos años.

Entre dejar todo sucio o perturbar la paz de una cucaracha del tamaño de un hámster, prefiere la primera opción, mucho más saludable para la convivencia entre las especies.

Con los platos, le sucede exactamente lo mismo. Comió seis veces en un plato decente, porque usando la lógica, solo tenía seis platos. Después los amontonó en el lavatorio de la cocina y se dedicó a comer encima del cartón de la pizza.

Y la cama, es otro tema para debatir: ¿Qué sentido tiene para un adolescente hacer la cama si a la noche se vuelve a desarmar?

Es allí cuando cualquier madre supone que si esa es su filosofía de vida para todo, esperemos que no la use con la ropa interior. Que no esté diciendo: ¿para que los voy a lavar si se vuelven a ensuciar?

Por esa razón, si eres madre, tienes que comprender que los cambios emocionales a los que está sometido tu hijo adolescente hacen que tenga esos extraños comportamientos.

Por otra parte, además de los cambios de la naturaleza, están los cambios que decide tu hijo por su propia cuenta, porque hay un momento en que se rebela y entonces se pone un arete en la oreja, o se pinta el pelo de verde, o se viste de negro. Básicamente es una cuestión de profunda resignación:

«Ya que me crecieron los brazos de manera desmedida y la cara se me llenó de acné, me pinto el pelo de violeta y la hacemos completa. Y no te metas en mi vida».

Y lo peor es que anda todo el día escuchando música con los auriculares, y aunque intentes llamarlo, te ignorará por completo. Él vive en su propia constelación estelar. Por misericordia de Dios y por tu oración de madre, todavía no lo atropelló un automóvil, dado que no escucha ni ve nada. Es un milagro que camine enajenado de esa manera por la vía pública y haya sobrevivido hasta la fecha. ¿Ves que no todo es negativo? Ya tienes un buen motivo para detenerte un instante, respirar profundo, y agradecer que tu hijo aún continúe con vida.

Como si todo esto fuera poco, él está plenamente convencido que nadie puede enseñarle nada en absoluto, y que sus padres ignoran cómo debe vivirse la vida.

—Si vas a salir, abrígate, que está haciendo mucho frío.

—Mhhhhhhgggg (dialecto gutural)... no hace frío, yo tengo calor.

—Está helando, además, llévate un paraguas que está cayendo un diluvio.

—Ya sabes que yo no uso paraguas. Nadie usa paraguas, es antiguo.

—¡Pero te vas a enfermar!

—No me voy a enfermar, no te metas en mi vida.

—¡Mi amor, (dirigiéndose a su marido) dile algo a tu hijo, que se está yendo desabrigado y sin paraguas!

—Que haga lo que quiera, a esta altura de mi vida, no tengo ganas de andar discutiendo, pssssssshhhhhh (dialecto gutural del esposo).

Otro dato curioso para tener en cuenta es que un adolescente suele caminar arrastrando los pies y con la boca entre abierta, de modo que cuando viene gente, estás tentada a decir:

«Les juro que no tengo idea cómo apareció ese zombi en casa».

Además, puede venir el mismo Presidente de la Nación a almorzar a tu propia casa, y él ni siquiera se molestará en saludar. Está convencido que todos los que los rodean están en el mismo estado vegetativo que él. Esto es muy normal y no debes enojarte si algún día estás con visitas, reunidas en el living, y entra tu hijo con los ojos hinchados, abre la nevera, y se empina la botella de refresco como si no hubiese nadie más que él, en todo el universo.

—Saluda, por lo menos, que hay visitas —le dices roja de vergüenza.

—Hmmgggggggglllla —le escuchas el ruido gutural. Que si no conocieras bien su dialecto adolescente, no sabrías si te contestó el saludo con amabilidad, o te insultó de arriba a abajo.

Luego, es muy probable que se quede como una marmota mirando la nevera como si estuviese viendo un video de la MTV. Porque él piensa únicamente con la nevera abierta. Y mirándolo así, creo que para que le vaya bien en los exámenes, abría que conectarle una nevera a su lado, y dejársela abierta durante todo lo que dure la clase. Es más, si llega a encontrar un racimo de uvas, tiene el fascinante don de comérselas a todas, de una sola vez, sin ningún apuro, y con la nevera abierta.

—¡Ciérrala que perderá el frío!

—Al final, en esta casa nunca se puede hacer nada —responderá luego de emitir alguno que otro gruñido sin sentido y pegarle un golpazo a la puerta.

Otra de las cosas que debes comprender, es que un hijo adolescente, en especial si es varón, no mira la televisión como lo podría hacer cualquier mortal promedio. Un adolescente puede encender la televisión y no mirar nada. Él tiene la capacidad de poder cambiar todos los canales durante quince minutos sin detenerse, para luego volver a comenzar. Y si habla por teléfono, casi siempre con otro enajenado terrestre como él, es capaz de seguir cambiando los canales de forma frenética, que seguro, estimada madre, te dan unos fervientes deseos de estamparlo contra la pared o arrojarlo por la ventana; pero recuerda que tienes que calmar y dominar esos nervios o no llegaremos a ningún lado.

Un adolescente nunca se sienta, se deja caer, que es muy distinto. Se desparrama en el sillón como si fuese un bofe en descomposición. Y en el hipotético caso que se incendiara la casa, es preferible no avisarle y que el departamento de bomberos haga todo el trabajo sin tener que moverlo de su sillón. Es preferible eso a tener que molestarlo y escucharlo decir:

«No te metas en mi vida».

A esta altura del capítulo, no quiero que pienses que tengo algo en contra de los adolescentes, como padre, mi mensaje es que hay que tratar de comprenderlos hasta que pasen esa etapa tan singular como difícil.

No hay que olvidar que ellos son una de las cosas más grandes que nos ha dado el Señor, sobre todo el tuyo que pesa noventa kilos, ya es el mediodía y todavía sigue despatarrado en la cama. Pero no pierdas las esperanzas, está comprobado de manera científica que pasados los veinte años, hay serias posibilidades que se bañe seguido y se le empiece a entender lo que habla. Solo hay que tener un poco de paciencia.

Capítulo 7

Bonus track, exclusivo para padres

Como aún tengo mis serias dudas respecto a si el capítulo anterior ha logrado despejar cualquier interrogante de cómo tratar a un hijo en pleno crecimiento, he hecho algunos consejos básicos que necesitas saber antes de perder la paciencia y arrojarlo por la ventana; recuerda, querido progenitor, que es sangre de tu sangre.

Me complace el presentarte las doce cosas que jamás debes hacer si quieres llevarte bien y tener una relación exitosa con tu hijo adolescente.

1) Ir a buscarlo a algún lugar donde esté con sus amigos y tratar de relacionarte con ellos.

No trates de caerle simpático a sus amigos. Desde ya, es mi deber aclararte que tu hijo negará cualquier parentesco contigo y dirá que es la primera vez que te ve en la vida. Si por un caso de extrema fuerza mayor estuvieses obligado a buscarlo a la salida del colegio, compórtate como un simple chofer. No hables, por ningún modo trates de caer bien, y a medida de lo posible, no respires.

2) Decirle que baje el volumen de la música.

No insistas, tu hijo no sufre un pequeño problema auditivo, toda su generación viene sorda de nacimiento, es un problema que viene de fábrica, toda la serie vino con una pequeña falla en el audio.

3) Pedirle que te repita lo que dijo.

Aunque no lo entiendas, simula tener una conversación normal. Para él, sus sonidos guturales son iguales a cualquier respuesta inteligente y elaborada. Si quieres comunicarte con él, elimina la frase «Abre la boca que no te entiendo nada», porque emitirá un último gruñido y te ignorará hasta que cumpla sus veinte años.

4) Querer despertarlo un domingo al mediodía para que almuerce en familia.

Olvídate de esa lejana utopía de ver a toda la familia en derredor de la mesa, en especial cuando anoche él se acostó a las cinco de la madrugada. Él se levantará pasada las cuatro de la tarde y bastante molesto, preguntará: «¿Qué? ¿Ya almorzaron?»

5) Presentarle a otro adolescente, simplemente porque tiene su misma edad.

No funciona como cuando tratas de cruzar a una misma especie, o cuando buscas a un perrito de la misma raza para que se haga amigo del tuyo. Por tu propia salud mental, comprende que él elegirá a sus propios amigos.

—Facundo, te presento a Romina, que también tiene tu edad y adivina: también le gusta la música.

—No me metas en mi vida —te responderá ignorando por completo a la Romina en cuestión, como si fuese un holograma.

6) Quejarte por un precio alto delante de él.

Si vas con él, ni se te ocurra preguntar por un precio o pedir un descuento; aunque te estén asaltando, mantén una amable sonrisa y simula que todo está bien. Si por ejemplo dices:

—¿Pero cómo me va a cobrar siete dólares por un café? ¡Es un robo!

—Les juro que no es mi madre, es una pobre mujer que acabo de encontrar en la esquina —le dirá tu hijo al camarero, sin inmutarse.

7) Pedirle que sea cariñoso con sus hermanos.

Es vital que comprendas que será mucho más cariñoso con el perro, antes que con ellos. Para él, sus hermanos están fuera de su órbita, aunque giren a su alrededor. Tranquilo, con los años aprenderá a valorarlos.

8) Tratar de entender porqué hace en casas ajenas lo que no haría en la tuya.

En la casa de un amigo, lavará los platos, hará las camas, y todo aquello que jamás haría en su propio hogar. No te frustres, es bíblico: «Nadie es profeta en su propia tierra».

9) Hacerlo caminar por toda la tienda, cuando se prueba un pantalón o cualquier otra prenda.

«Matías, sal del vestidor, que queremos ver si te queda bien de cola y si hay que subirle un poco el ruedo».

Hay dos posibilidades, a saber: Que nunca más salga del probador y haya que sacarlo con la fuerza policial, o lo más común, que te arroje el pantalón por encima de la puerta y diga: «No me gusta, me quiero ir». Eso significará que a partir de ese momento, ya no le gusta ningún pantalón de ninguna tienda de ninguna parte de toda la nación. Resígnate y regresen a casa.

10) Hacerlo sacar sus zapatillas delante de una vendedora para que se prueben unas nuevas.

Un adolescente jamás quiere que una mujer le vea los pies, (ya que la mayoría de los adolescentes varones no esta muy seguro si las mujeres también tienen dedos en los pies) y por sobre todo, que alguien ajeno les sienta el olor a las medias que debió haberse cambiado el lunes pasado.

11) Andar desarreglado delante de sus amigos.

«Ese hombre con aspecto de linyera dice que es mi padre, pero todavía no le dijimos que es adoptado» les explicará a sus amigos.

12) Hablar de ellos, delante de ellos, a terceros.

—¡Matías es muy inteligente! El muchacho me salió un artista, como el abuelo. Matías, ven y cuéntale a la tía... ¿cómo es esa canción que le compusiste a esa chica?

—¿Qué canción? ¿Qué abuelo? ¿Qué chica? ¿Qué tía? ¿Qué Matías?; no te conozco.

Capítulo 8

Las deprimentes charlas de mis tías

En la antigüedad, las amas de casa no tenían muchas emociones que las sacaran de la rutina diaria. Además de cocinar, planchar, lavar ropa y enviar los niños al colegio, todo solía ser gris y un tanto monótono. Lo único que las sacaba del letargo era poder hacerse un chequeo médico anual. Y en ese mismo momento, su vida se abría hacia una nueva dimensión con muchísimas novedades para contarles a las vecinas y amigas.

En otras palabras, lo peor que les podía pasar era que los resultados fuesen buenos, porque ahí mismo se terminaban todas las noticias y los temas para compartir.

Porque ellas disfrutaban ir al médico para que les encuentren algo, aunque sea un bultito como para empezar y tener para debatir.

-¡Jah! ¡Yo sabía! El médico me encontró piedras en la vesícula, y arenillas en los pulmones.

Daban ganas de decirle: «Bueno, falta que le encuentren un poco de cal y empezamos a construir».

Inclusive las madres de antes, te amenazaban con su pesimismo y sin darse cuenta, intentaban contagiártelo:

—¡Mejor que obedezcas a tu madre, antes que algún día te arrepientas delante del cajón!

—Mejor que me hagas caso, que yo no se cuánto voy a durar.

—¡Algún día no me vas a tener y te vas a arrepentir!

—¡Aprovecha mientras me tengas viva, que debajo de la tierra ya no te voy a ser útil!

Es más, yo siempre pensé que mi mamá me estaba motivando para que fuese chofer de alguna casa funeraria, porque siempre me recalcaba:

—Mejor que hagas la tarea, porque me vas a terminar llevando a la tumba.

Porque hay que entender que si se morían se ganaban la medalla olímpica del pesimismo. Ahí nadie les podía ganar, superaban con amplitud a cualquier vecina que apenas podía jactarse de tener un «bultito» maligno en el pecho o una radiografía con «unas manchas sospechosas».

Volver del chequeo médico con un resultado negativo era un trofeo digno de ser mostrado. Hasta se organizaban meriendas para presentar los análisis, como quien realiza una fiesta de graduación, luego de quince años de estudios interrumpidos.

—Chicas, ¿quieren venir a tomar el té en casa? Tengo el ultimo análisis que me hice... ¡no van a poder creer todo lo que me encontraron!

Todavía recuerdo aquellos diálogos tan constructivos de mis tías. Y si nunca pudiste presenciar ninguno (porque tienes mala memoria o eres un extraño caso atípico en que tus tías disfrutaban la vida saludable) a continuación, voy a transcribirte una de esas aleccionadoras charlas de té, que eran casi «un canto a la vida».

Para que puedas visualizar el cuadro, mis tres tías están sentadas en derredor de la mesa de la cocina, aquella que usaban para cuando no venían visitas y podían comer algo rápido cerca del horno, sin la agobiante necesidad de usar el mantel y la porcelana cara. Dos de ellas, se han servido un humeante té digestivo, mientras que la tercera (acaso la más liberal) solo se conforma con un té negro. Todo está a medio iluminar, como es de esperarse. La poca luz natural que entra a la cocina, se filtra por las rendijas de una ventana muy pequeña, que a la vez sirve de respirador. Un olor rancio a humedad impregna toda la casa, mientras que el viejo televisor blanco y negro esta encendido sobre una de las esquinas, con el volumen bajo y lleno de llovizna, pero que de igual modo, nadie mira.

Un plato diseminado con unas cinco galletitas que en toda la tarde nadie tocará, y una pava que no deja de chillar sobre el fuego, completan la escena.

—¿Alguna de ustedes sabe qué fue de la vida de Cipriana?

—¿No sabías? ¡Desde que se murió el finado Santiago, está hecha una piltrafa humana! Está piel y huesos, ¡tiene las orejas como dos escalopes! No creo que dure mucho... está como consumida en vida... no le veo demasiado hilo en el carretel, para mí que no pasa de este año... no creo que ni siquiera pase el invierno.

—Y... va a terminar muriéndose atrás de él, vas a ver... eran muy pegados entre ellos, él le levantaba la mano y parece que tenía otra familia, pero era un buen hombre, por lo menos, nunca le hizo faltar nada.

—Ojalá que se muera atrás de él, Dios quiera, porque se querían muchísimo, a veces es mejor morirse rápido antes de estar viviendo así...

—Ah si, toda la vida... en esta Navidad que pasó, ya se lo dije a toda mi familia: el día que case al último de mis hijos, quiero que ese mismo día me entierren tranquila... total, ¿para qué una quiere vivir, si ya dio lo mejor como madre? ¿Para qué una va a querer llegar a vieja? ¿Para qué las nueras me tengan que llevar al baño? ¡Ni loca! ¡Antes muerta!

—¡Seguro! Yo no pienso durar mucho tampoco, inclusive después del último análisis que me hicieron.

—No me digas que te encontraron algo.

—¿Algo nomás? ja, ja, ja, ¡fíjense como me río! ¡Estoy toda ramificada! ¡Soy una parra! Dicen que si lo hubiesen agarrado a tiempo, a lo mejor lo paraban, pero a mi edad, me dijeron que ni conviene tocarlo.

—Totalmente, yo, antes que me abran, prefiero morirme en mi cama… aparte, una vez que te abren, te empiezan a encontrar de todo… si yo llego a entrar a operarme, no me sirve ningún órgano, mas con la vida que tuve… que me la pasé criando hijos.

—Ah, ni hablar, fíjense lo que le pasó a Elsa… que murió toda entubada… por Dios, a mi déjenme morir tranquila, calentita en mi cama.

—Y… es otra cosa, no vas a comparar… miren las várices que yo tengo y ni me las quiero hacer ver, porque seguro que son malignas.

—¿Te las hiciste ver?

—No, ¿para qué? Si yo sé que son malignas.

—Yo estoy tomando estas pastillas para el colesterol, que no me hacen nada… lo único que hacen es secarme de vientre.

—¡Jah!.. Díganmelo a mí, que me paso horas enteras sentada en el baño.

—Nooooo, ¿que sabrás lo que es estar estreñida? Digan que a mí me salvaba el finadito de mi marido que me preparaba la sopita digestiva, que si no, todavía estaría sentada.

—Pobre, tu marido, que buen hombre que era… lástima que se dejó estar.

—Y si, le explotó la vejiga. Yo le decía, pero habrás visto como era de activo «el Adolfo», era capaz de estar muriéndose pero no dejaba de regar las plantas… cortaba el césped, la verdad, muy guapo… lástima que se le juntó el azúcar de la sangre, con los problemas de los riñones, la artritis, el problemita de la próstata, la osteoporosis, la vejiga inflamada y la vesícula, que si no... era un roble, te juro.

—¿Ah si? No sabía que «el Adolfo» era diabético.

—¿Diabético nomás? ¡Era un terrón de azúcar!... ni bien lo enterramos, se llenó de hormigas, parecía que olían lo dulce... nunca conocí a alguien tan azucarado, era un dulce caminando.

—Ahora la que está muy desmejorada es Mabel... está hecha un harapo, vos la vieras lo que es... yo la crucé en la verdulería el otro día y me asusté... esa mujer debe estar muy enferma... debe tener algo... para mí que le habrán descubierto algo... está como anémica esa mujer.

—Seguro, por un lado escuché que se le complicó el prolapso, y por otro, el marido la está terminando de matar. Él le da al vino tinto como un condenado. Igual, él mucho tampoco va a durar, porque la cirrosis que tiene, le está carcomiendo el estómago.

—¡Seguro! ¡Si ni come! ¡Está embalsamado de alcohol ese hombre!

—Bueno, pero Dios quiera que ella se muera antes, porque si no, va a terminar cargando con él...va a ser un suplicio.

—Yo te digo que a veces es preferible morirse de joven antes de terminar así, te digo.

—¡Toda la vida! Yo siempre le digo a Dios que un día me acueste y no me despierte más, ¡es lo mejor que te puede pasar!

—Totalmente, mira lo que le pasó a Santiago, el marido de Elsa.

—¿Qué le pasó? ¿No me digas que se murió? Porque yo ni me enteré, ¡no me digan que no fueron capaces de avisar!

—Ojalá, querida, le tuvieron que hacer un ano contranatural, Elsa tiene que andar todo el día con la bolsita para todos lados... va a terminar muriéndose de angustia, y encima ella esta complicada con el fibroma que le apareció y le crece como un Alien.

—Jah, hablando de «morirse de angustia», fui al velorio de Esther.

—¿Y? ¿Cómo la viste?

—Bien, gracias a Dios se la veía bien, se ve que murió con una paz bárbara… estaba tranquila… bah, yo fui a la madrugada, ya estaba largando bastante olor… tenían que haberla velado a cajón cerrado, pero los hijos la querían ver.

—Bueno, pero para ella fue un alivio que se muriera, te digo… con los hijos que le tocó a la pobre… le hizo bien que se le taparan las arterias.

—Seguro, y te digo que el hijo mayor, Ernesto, tampoco va a durar mucho que digamos, ¿no lo viste en el velorio? Ese chico no puede estar tan flaco, no es normal, para mí que se pescó alguna de esas enfermedades raras de ahora… debe tener alguna peste. Alguna enfermedad venerable.

—Venérea… querrás decir.

—Eso, pero bueno, no hay mal que por bien no venga; por lo menos, gracias a que la madre sufría de Alzheimer, no se enteró de nada.

—Gracias a Dios.

—Al final no se tomaron el té.

—Cierto, estaba tan entretenida con la charla que se me enfrió.

—Yo tomé poquito porque me da mucha acidez al estómago.

—¿Les preparo otro?

—No, muchas gracias. Me hizo muy bien el charlar con ustedes.

—Claro, es que si no, una se queda sola se pone a pensar tonterías y se termina deprimiendo.

—Seguro, es preferible pasar un rato juntas en vez de mirar esas noticias por televisión que a veces te dan ganas de morirte.

—Listo, la semana que viene tengo que hacerme otro análisis y ahí nos juntamos, así se los puedo mostrar.

—Por favor, no dejemos de vernos, así una se alienta también.

—Seguro.

—A ver cuando nos juntamos otra vez.

Capítulo 9

Crónica de una madre estresada

Cuando faltaba poco, no veías la hora que comenzaran las vacaciones de invierno para no tener que levantarte tan temprano y llevar los niños al colegio. El primer día, se levantan tarde, pero estás feliz que «tus pichones» estén en casa.

2) Esa misma noche, se acuestan a las dos de la madrugada, porque no tienen una pizca de sueño, lo que no saben ellos, es que tu vida continúa normal a pesar que ellos tienen vacaciones, tú sigues trabajando de ama de casa durante todo el día.

3) Cada día se acuestan más tarde, y anoche te tuviste que levantar siete veces a amenazarlos de muerte, rogarles que intenten dormir y prometerles que los ibas a estampar contra la pared. Y con tu marido no puedes contar, porque él duerme como una marsopa hace tres horas.

4) Al día siguiente, otra vez, son las diez de la noche, y la televisión ya no te pertenece, porque ellos quieren ver esas típicas películas de vacaciones que programan en horario central cada año: «Babe, el chanchito valiente» o la trigésima sexta repetición de «Mi pobre angelito 1 y 2».

5) Otra vez, estás muerta de cansancio, te duermes parada, y los tienes que amenazar que se metan a bañarse; aunque ellos estén frescos y tengan ganas de seguir jugando con los jueguitos electrónicos que te crispan los nervios y que en cualquier momento, te van a dejar loca.

6) Al día siguiente, y como no los aguantas más en casa y quieres que se cansen un poco, decides llevarlos al cine a ver una película infantil, y cuando llegas, pierdes dos preciosas horas buscando lugar donde estacionar.

7) Bajas del auto y tus niños tienen hambre, así que te obligas a hacer una fila de una hora y cuarto para que la vendedora de «Mac Frito», desbordada por completo, te pregunte si deseas agrandar tu combo por veinte centavos más.

8) Como puedes, y haciendo equilibrio, cargas la bandeja con los tres refrescos, las hamburguesas, los tres conos de papas fritas y te quedas media hora parada, esperando que se desocupe alguna mesa, mientras que tus niños se quejan que ya no aguantan el hambre.

9) Cuando al fin consigues una mesa, te das cuenta, que quien se acaba de ir, ni siquiera se dignó a juntar su bandeja, y te dejó la mesa y la silla completamente sucias.

10) No haces tiempo de alertar a tu hijo mas chico, y se sienta con la ropa limpia encima del ketchup y la mayonesa que dejaron los comensales anteriores.

11) Te quedas parada mientras te dices a ti misma, que ya debe estar por venir la chica que limpia la mesa.

12) Como la chica que limpia la mesa está desbordada, tratas de dejar la bandeja en una silla, y te pones a limpiar; en ese mismo momento, se te vuelca uno de los refrescos encima de la ropa limpia de Federico, el nene más chico.

13) Cuando te sientas, te das cuenta, que no te pusieron sorbetes, que los refrescos tienen hielo aunque les pediste que no le pusieran, que no hay servilletas, y que se olvidaron de darte una hamburguesa.

14) Tienes que hacer una fila de quince minutos más,

aguantándote a otras madres histéricas que te gritan «Señora, ¡a la fila!». Hasta que entienden que solo necesitas sorbetes y la hamburguesa que se olvidaron de darte, ya te peleaste con tres madres, y otras dos amenazan con demandarte.

15) Cuando al fin logras sentarte, Natalia, la nena, te dice que «quiere pis».

«¿No puedes aguantar un poco? ¿Por qué no fuiste en casa?»

«Porque ahora tengo ganas, me hago, mami, ¡no aguanto!»

17) Le dices a tus otros dos nenes, Facundo y Federico, que no se muevan de la mesa, que vas a llevar a Natalia al baño.

18) La llevas apurada, y después de esperar veinte minutos para poder entrar, te das cuenta que comparado con ese baño, Kosovo es una playa turística. Estás conciente que sentar a tu nena sobre esas salpicaduras, le produciría una úlcera considerable, o por lo menos un buen sarpullido. Se te ocurre que podrías cubrir el inodoro con papel higiénico cuando te percatas que ya se ha acabado, y ahí es cuando recuerdas que tienes algunas servilletas del «Mac Frito» en el bolso.

Te envuelves el bolso y el abrigo de la nena en el cuello, y como si fueses Karate Kid intentando hacer equilibrio sobre el poste, tratas de ayudarla a hacer sus necesidades, diseminando primero las servilletas por todo el lugar.

En ese mismo momento, alguien intenta abrir la puerta del pequeño cubículo (que por cierto, no tiene cerradura) y tratas de cerrarla empujándola con la espalda, mientras le dices a Natalia que si no se apura, la vas a abandonar para siempre en ese baño, a merced de ese suelo hábitat de sapos, culebrillas y otros seres desconocidos.

Aprietas el botón y descubres que el inodoro empieza a desbordarse, así que, tomas del brazo a tu hija como escapando de un ataque alienígena en «La guerra de los

mundos» y regresas al patio de comidas. Al salir, te percatas que también tenías ganas, pero prefieres aguantar-
te antes que tu vida corra peligro de contraer un virus
fatal con solo pensar en volver a pisar ese baño.

19) Vuelves a la mesa, Facundo no quiere comer las
papas, porque dice que están frías. Los nenes no comen
casi nada, y te levantas de la mesa, porque está por comenzar la película.

20) Haces otra fila de cuarenta minutos para comprar las
entradas del cine, mientras que tus nenes dicen que están
aburridos. Ahí empiezan las primeras amenazas maternas:
«Bueno, déjense de quejar porque estoy haciendo esto
para ustedes, además que me estoy haciendo encima,
tengo que hacer semejante fila para aguantarlos a ustedes,
¿será posible?»

21) Haces otra fila más para entrar al cine, y cuando estás
por entrar, tus hijos te piden que les compres palomitas de
maíz y un nuevo refresco a cada uno, porque al final, no
pudieron comer nada.

22) Tienes que salir de la fila, porque ninguno de tus
hijos se quiere quedar a cuidarte el lugar, y todos quieren
ir a comprar palomitas de maíz contigo, pero nadie te va a
ayudar a sostenerlos.

23) Regresas con tres paquetes gigantescos de palomitas,
tres refrescos de «El hombre araña» en la mano, y tratas de
buscar los ticket que «estoy segura que los había puesto en
algún lugar del bolso, pero ahora no se porqué no los
encuentro, y... ¡Basta Facundo de colgarte, que me pones
más nerviosa!»

24) Cuando entras a la sala del cine, ya no quedan lugares con cuatro asientos juntos, y los niños no se quieren
separar, así que, intentas negociar con una madre que está
sentada con un único hijo, pero que llenó otras dos butacas
con abrigos y bolsos.

25) La señora se pone a discutir y te dice que ni loca va a

sacar los abrigos «porque le está guardando los asientos para alguien que ya viene», mientras que se te caen dos paquetes de palomitas de maíz al piso y ocasionas otro desastre.

26) Te sientas en las primeras butacas, esas que nadie quiere y siempre quedan vacías, que te dejan la cervical a la miseria, con tal que tus niños vean la película.

27) Empieza la película y recién te enteras que dura dos horas cincuenta, que no sabes si escapar a mitad de la película o tomarte dos pastillas para dormir y que alguno de tus hijos te avise cuando termine.

28) Sales embotada por completo y te das cuenta que casi no puedes caminar de la cantidad de gente que llegó al shopping en las últimas dos horas.

29) El más chico se durmió, así que lo tienes que cargar, y encima los piecitos del nene, te tocan el bajo vientre, haciéndote que con cada paso, tengas unas ganas de orinar incontenibles.

30) Antes de poder escapar al estacionamiento, te atacan un montón de vendedores que te dicen que te lleves a un precio módico la varita mágica de la bruja de la película, la melena del león, y el disfraz del fauno; y tus hijos quieren que les compres todo.

Los fulminas con la mirada y les dices: «Ni se les ocurra, por hoy ya gastamos una fortuna».

Pero Natalia se pone histérica y se empieza a revolcar en el piso, y para que se calle y no tener que escucharla más, le compras la varita de la bruja, y dos melenas de león para los otros dos. Que por lo que te costaron, te salía más barato filmar una película y contratar a tu propio diseñador de vestuario.

31) Sales al estacionamiento, y no te acuerdas en que lugar exacto dejaste el auto. Después de buscar por media hora, recuerdas, que lo dejaste en el último subsuelo, y tratas de dar con él, activando y desactivando la alarma.

32) Arrojas al nene dormido en el asiento trasero, le dices a los otros dos:

«¡Suban y dejen de pelear porque me desconozco y los dejo en medio de la ruta!» y te vuelves a casa, en medio de un tráfico feroz, que pareciera que mañana se acaba el mundo.

33) Llegas a casa, vas corriendo al baño, y tu marido, que recién llega de la oficina, dice en voz alta: «Ehhh….ustedes si que se divierten, ¿eh?, ojalá yo pudiera salir con ustedes y pasarla bien».

34) Sales del baño, y le dices que se ocupe él de los niños, que estás harta, que tienes los nervios a la miseria, que te duelen los pies, que te vas a acostar y que no ves la hora que empiecen las clases de nuevo

35) Tu esposo mira a los nenes y les dice en tono cómplice: «No le hagan caso, mamá está en esos días en los que se pone nerviosa por cualquier pavadita».

Capítulo **10**

Mentiras maternas con las que crecimos

Si comes sandía y luego te metes en la piscina te puedes morir al instante.

• Si cruzas los ojos y justo te agarra un viento, te puedes quedar bizco para siempre.

• Si mojas el pan en la salsa, se arruina por completo y después tengo que tirarla.

• Si no te portas bien, nos vamos todos de vacaciones y te dejamos solo en casa.

• Si miras la televisión muy de cerca, vas a terminar quedándote ciego.

• Un hombre que conozco se olvidó de poner papel higiénico alrededor del inodoro público y se murió a la semana de una enfermedad incurable.

• No estaba durmiendo, estaba descansando los ojos.

• Un día de estos voy a regalar todos tus juguetes a los niños pobres, vas a ver.

• No es que seas flaco, lo que pasa es que naciste con los huesos muy pesados.

- La zanahoria te va a hacer muy bien para la vista.
- Si comes mucha verdura, vas a tener mucha fuerza.
- No te toques la cascarita de los granos, porque te va a quedar la marca para siempre.
- El hipo te hace bien, te hace crecer.
- Si tienes fiebre, seguro que vas a crecer.
- Si terminas de comer y te metes al agua, se te puede cortar la digestión y te puedes morir ahogado de un calambre.
- No eres petiso, lo que pasa que los varones pegan el estirón más tarde.
- Si sales con la cabeza mojada te va a agarrar pulmonía.
- No puedo tirar la comida. Mejor guardo lo que sobro en un platito, y mañana, a lo mejor con eso preparo alguna cosita.
- El mejor regalo que me puedes hacer es que te portes bien.
- Siéntate derecho, que te va a crecer una joroba.
- El hijo de Josefa se tomo un analgésico con bebida de cola y se murió fulminado.
- Claro que te queda bien. Nunca tu madre te haría poner algo para que pases vergüenza.
- Si cambias tan rápido, se arruina el control remoto.
- Cierra la nevera rápido que se escapa el frío.
- Si miras para arriba y justo hay un relámpago, te puedes quedar ciego.
- El que juega con fuego, a la noche se hace pis.
- Todos esos códigos de barras son la marca de la bestia. Me dijeron que haciendo no se que cuenta, da justo 666.
- Todos los famosos hicieron un pacto con el diablo.
- Si tiene los ojos rojos, es porque seguro que está drogado.
- No te metas los dedos en la nariz que se te van a agrandar los agujeros.
- Ponte derecho, que vas a quedar encorvado como tu padre.

• Lústrate bien los zapatos que eso es lo primero que la gente mira.

• Córtate bien las uñas que eso es lo primero que mira la maestra.

• No vas a comparar los huevos de gallina común a los huevos caseros.

• Come la espinaca que hay nenes pobres que darían cualquier cosa por comerla.

• Si comes muchos dulces, te crecerán lombrices en el estómago.

Capítulo **11**

El argentino

Dos españoles pasean por la Argentina, al pasar por un cementerio, leen una lápida que dice: «Aquí yace un Argentino y un hombre humilde». Después de leer eso, uno le dice al otro:
—Fíjate, hombre, los argentinos entierran a dos personas en una misma tumba.

Se encuentran tres amigos de algún país y uno de ellos dice:
—El Presidente de una República Árabe tiene cien mujeres, pero una de ellas le ha sido infiel y no sabe cuál es.
El segundo dice:
—El Presidente de Colombia tiene cien guardaespaldas, uno de ellos es un terrorista y no sabe cuál es.
Y el tercero dice:
—El Presidente de Argentina tiene cien asesores, uno de ellos es humilde y no sabe cuál es.

—Doctor, no es porque sea argentino, pero sufro un gran complejo de superioridad.
—Bien, cuénteme desde el principio.
—En el principio hice los cielos y la tierra...

Estoy conciente de la mala fama que nos hemos ganado los Argentinos. En muchas ocasiones es inmerecida, aunque debo reconocer que la mayoría de las cosas que dicen de nosotros, tienen algo de razón.

Un argentino es en lo más básico un latinoamericano que

por alguna razón desconocida siente que es diferente al resto de América. Si bien es cierto que todos nuestros padres son españoles, alemanes o italianos que llegaron a nuestro país para escapar de la segunda guerra mundial, eso no transforma necesariamente a nuestro país en una aldea Europea.

A un argentino se le puede reconocer en cualquier parte del mundo porque camina erguido con la frente en alto, como si el resto del mundo lo admirara.

Por otra parte, ninguna maravilla del mundo logra sorprenderlo, ya que está convencido que Dios está en todos lados, pero atiende en Buenos Aires.

«No vas a comparar la torre Eiffel, que son un montón de hierros amontonados con el obelisco de Buenos Aires, ¡psssssse!»

Porque esa es la onomatopeya de cualquier argentino: «¡psssssse!»

«Dicen que Nueva York no se compara con Argentina... Lo que pasa es que en nuestro país tenemos los cuatro climas, y las mujeres más lindas del mundo. Además inventamos el dulce de leche, y los americanos no saben la fórmula» dicen convencidos como si acabara de decir que alguien hubiese inventado el antídoto contra una enfermedad incurable.

Él está de vuelta de todo sin siquiera haber ido. Por ejemplo, sin haber salido nunca de Argentina, él sabe que «en Londres hay una neblina insoportable», que «Cuba es el mejor país para vivir, y no entiendo de qué se quejan los cubanos», que «en Miami está todo muy caro y que no se puede vivir del calor» y que «en México se come muy mal y la carne no es de vaca, sino de Jabalí». Obviamente, cuando cualquier persona que viaja le pregunta de dónde sacó toda esa información, el dirá:

—Me lo dijo un amigo mío, que vive en Suiza y me dice que nada se compara con Argentina, ¡psssssse!

—¿Y entonces por qué vive en Suiza?

—Porque no le queda otra, si pudiera, se viene mañana mismo a vivir a Buenos Aires.

Además, cualquier argentino sabe el secreto para gobernar cualquier país y arreglarlo «en menos de dos minutos». Y también sabe cómo hacer para que la Selección Argentina de Fútbol salga campeona del mundo. Es más, en cualquier mundial donde gane su país, se hizo justicia y si el campeonato lo gana cualquier otro equipo:

«Seguro que estaban comprados los jueces, seguro que hubo coima; no querían que nos llevaremos la copa otra vez, ¡pssssse! Argentina no se merecía perder; de todos modos, somos los campeones morales».

Inclusive, escuché decir que los argentinos ni siquiera sienten que han perdido la guerra de Malvinas con Gran Bretaña.

«Claro que no. Salimos subcampeones, que es muy distinto».

A cualquier argentino promedio se lo reconoce cuando viaja al exterior porque siempre habla a los gritos, como si toda la humanidad se beneficiara de poder escucharlos.

«¡Che, Marta! ¡Veníte a esta fila que hay menos gente! ¡Estos gringos no se la saben!

¡Dejá que ellos hagan la cola más larga, que nosotros ganamos tiempo por acá!» dice como si el resto del mundo no existiera.

También es capaz de burlarse de las demás culturas, si es que son diferentes a las que él conoce.

—Uy, mirá a ese tipo con pollerita… ¿de qué se disfrazó?

—Es un hindú.

—Todo lo que quieras, ¿pero hace falta andar con esa toalla en la cabeza?

—Es un turbante.

—¿Y ese que está al lado con la cara tapada quién es? ¿Batman?

—Es la esposa.

También es fácil reconocerlos cuando van de peatones, porque son los primeros que cruzan la calle apenas cambian el semáforo y miran a los conductores con cara de «¿qué hacemos maestro? ¿Estás loco vos? ¡pssssssse!»

Un argentino sabe de cualquier tema, es el dueño absoluto de la verdad, y se siente capacitado para opinar desde cómo se realiza una cirugía plástica a cómo trabajan los servicios de inteligencia del Pentágono. Y a todo lo que diga, siempre le agrega una cuota de cinismo y humor, sea cual sea el tema a debatir.

«Lo peor de las cirugías, es que si te la hacen mal y te aplican mucho colágeno en los labios, después te terminás pareciendo a Nelson Mandela. El mejor lugar para operarse es Buenos Aires. Yo tengo un amigo que se aplicó bótox en otro país, y tiene menos movimiento facial que una tortuga Ninja».

«Los americanos nunca fueron a la luna, lo produjeron todo en Hollywood, era una pantalla que inventaron para ganarle a los Rusos» afirman sin ningún pudor aunque estuviesen ante el mismísimo Presidente Norteamericano.

Él también sabe cuáles son los mejores restaurantes y está convencido en absoluto que el resto del mundo no sabe lo que significa comer bien.

Si vas a almorzar con un Argentino, él te dice lo que tienes que ordenar.

—No se te ocurra pedir pastas acá.

—Pero en el menú dice que tienen espaguetis.

—Olvidáte, no vas a venir hasta acá para comer fideos. Pedíte una parrillada completa con papas fritas, que te vas a quedar alucinado. Vas a ver lo que es comer espectacularmente bien.

—Lo que pasa es que a mi la carne me cae mal... preferiría alguna pasta o pescado.

—¿Cómo te vas a pedir un pescado? ¿Quién sos?

¿Popeye el Marino? Pedí carne que no te va a caer mal, acordáte lo que yo te digo. Vos porque estás acostumbrado a esa carne de caballo que ustedes comen allá. En tu país nunca vieron a una vaca de verdad, en toda su vida. Pedíte una parrillada, yo se porqué te lo digo, ¡pssssssse!

—Te agradezco, pero igual prefiero algo liviano... no me siento muy bien.

—¡Camarero! ¡Tráigame una parrillada completa y otra para mi amigo, que no sabe lo que se pierde! —dice ignorándote por completo— Ya vas a ver cómo me lo vas a agradecer cuando la comas, vos no tenés la menor idea de lo que es comer carne. No vas a comparar la carne Argentina con los «Mister Ed» que ustedes se comen allá.

Otra característica del Argentino promedio es que según él, conoce a todo el mundo y todos ellos le deben favores.

—Yo soy muy amigo de Don Francisco, yo le tiré la idea de irse a probar suerte en Estados Unidos, allá en Chile se estaba muriendo de hambre y le dije: «Escucháme Don, tenés que escaparte para el Norte...», menos mal que me hizo caso. Lo mismo con Jim Carrey, le pasé la idea de probar con la comedia y después lo ayudé para que le dieran la Visa como residente.

—Pero si Jim Carrey es americano.

—Ahora es americano, gracias a que le di una mano.

—Te falta conocer al Papa.

—Si te digo la verdad, con este nuevo no tengo tanta buena onda. Con Juan Pablo II era distinto, me acuerdo que un día nos sacamos una foto en el balcón del vaticano, y al otro día todos los periodistas se preguntaban quien era ese señor canoso de bata blanca que estaba conmigo, ¡pssssssse!

—Faltaría que conozcas al Presidente Bush— le dices en broma.

—No me hagas acordar, que últimamente no me quiere

atender el celular, me anda esquivando y no se porqué. Un día de estos me le aparezco en la Casa Blanca sin avisar.

Pero más allá de todo eso, un Argentino no deja de tener un corazón noble, un profundo sentido de la amistad, y por sobre todas las cosas, una notable capacidad de auto-crítica y un gran sentido del humor.

A propósito, y valga la aclaración, todos sabemos que el Señor nació en Belén y no en Argentina.

Solo que cuando conoció Buenos Aires, pidió la Nacionalidad.

Capítulo **12**

El maravilloso mundo de las películas americanas

S iempre estuve convencido que las películas americanas nunca decían la verdad. Sin embargo, todos aquellos niños de mi generación crecieron con la idea que la vida real era muy similar a lo que nos mostraba esa inmensa fábrica de sueños del celuloide.

Por ejemplo, con el pasar de los años aprendí que cualquier persona con cicatriz o con un ojo desviado, es un villano que sin duda morirá antes que termine la película. No importa si la cicatriz se la hizo peleando con pandilleros o es congénita, si tiene un defecto en la cara, no merece vivir y tiene las horas contadas. Y si tiene algunos rastros de quemadura en su rostro, quizá dure la primera hora del filme, pero también tiene que morir.

Si por otra parte, un soldado americano le muestra la fotografía de la novia a su camarada, y le dice: «¿Sabes lo qué haré cuando esta guerra termine? le ofreceré casamiento a esta bella mujer, viviremos en algún lugar alejado de Michigan, construiremos una cabaña junto al lago, me compraré un bote y veremos crecer a nuestros hijos mientras les enseño a pescar».

Es seguro que ese mismo soldado muere a los pocos minutos de haber comenzado la película. Y antes de exhalar su último suspiro, mientras su ocasional compañero de armas lo sostiene entre sus brazos y le dice:

—Resiste, amigo.

Él responderá:

—Lo siento amigo, tendrás que continuar sin mí. Solo quiero que cuando todo este infierno termine, busques a mi novia y le digas cuánto la he amado y recuérdale que solo quise que ella fuera feliz.

—Puedes contar con ello, claro que lo haré.

Y de manera curiosa, sin darle la dirección, un número telefónico o la dirección de correo electrónico, el amigo la encontrará con la misma facilidad que si buscara un chino en Shangai. Y por supuesto, ocupará el lugar que dejó vacante el difunto soldado.

Esto te enseña que si algún día vas a la guerra, ni se te ocurra mostrar el retrato de tu novia, porque no solo que seguro te mueres, sino que además tu amigo se va a terminar casando con ella.

Otra cosa que viene al tema: ¿Por qué siempre le mienten a los que mueren en una película? Nunca entendí porqué un soldado que está agonizando porque lo sorprendieron tratando de colocar una bomba en territorio hostil, pregunta:

«¿Lo logré? Dime si logré matar a esos malditos; solo quiero saber si la misión fue un éxito».

«Claro que lo lograste amigo; todos te recordarán como a un héroe. Tu padre estaría muy orgulloso de ti».

¿No es mejor decirle: «No solo que no lo lograste, sino que alertaste a todos los japoneses que por tu culpa ahora nos van a masacrar y encima te vas a morir, cuando se suponía que no tenían que dispararte?»

Pienso que es mejor una dolorosa verdad en el último minuto, antes que llegue al cielo y su propio padre lo quiera volver a matar por inútil.

Otra de las cosas que siempre me llamó la atención, es la malísima puntería de los alemanes, indios, japoneses o musulmanes. Después de millones de balas enemigas que no pegan en ninguna parte, el protagonista apenas se asoma por detrás de una frágil columna, y con un solo disparo elimina a diecisiete enemigos, haciéndolos un brochette humano.

Por otra parte, no deja de sorprenderme cuando el propio Teniente, ya cansado de la batalla, grita:

«¡Cúbranme!» y en los siguientes tres minutos hace volar todo el campo enemigo, disparando con certeza sobre un tanque de gasolina que los japoneses se olvidaron de sacar.

Más tarde, con una música heroica de fondo y caminando sobre una pila de cadáveres enemigos, el Teniente pregunta:

—¿Contó nuestras bajas Sargento?

—Solo algunos heridos leves y lamento informarle, que perdimos a Willy. Lo siento mucho, Teniente.

—¡Por todos los cielos! Era un gran soldado, quiero que le demos un funeral con todos los honores. Y envíenle mis condolencias a su esposa, díganle que puede sentirse muy orgullosa de él.

¿Cómo puede ser que mataron mil quinientos treinta y cuatro alemanes o japoneses y de este lado solo perdieron a Willy? ¿Cómo funciona la proporción en una guerra fílmica?

También me sorprenden esos hombres heroicos que un buen día se enteran que acaba de comenzar la guerra y deciden, por su propia voluntad, abandonar a toda su familia para alistarse en el campo de batalla.

«Oh, Charles ¿Realmente tienes que ir? Temo no volver a verte».

«Ya no llores, cariño. Un hombre sabe cuando debe dejarlo todo para servir a su patria. Cuida a los niños, y si no regreso, diles que su padre ha muerto en cumplimiento del deber».

¿Lo decían de verdad? ¿O estaban hartos y querían escaparse porque vivían con sus suegras en casa?

Cambiando de género, otra de las situaciones que siempre me llamaron la atención en las películas, es porqué siempre que uno de los villanos está por morir, en el último aliento, le dice al detective cuál es el siguiente paso del plan del resto de la banda.

«Ellos... ellos traerán un cargamento ilegal de... de... armas en el sector sur de la bahía... lo harán esta noche... a las ocho y quince PM... pero de igual modo... no creo que llegues a tiempo para detenerlos... aghhhh».

Me pregunto ¿qué sentido tiene delatar a sus amigos rufianes, si de igual modo se va a morir? ¿Qué necesidad hay de contarle el plan secreto al detective que le acaba de disparar? Eso, además de ser criminal, es ser mal compañero.

Otra de las cosas que sin duda suceden en el cine, es que el bueno siempre sufre una desgracia al inicio de la película. Si es un boxeador, le romperán la cara a trompadas en los primeros diecinueve round, pero recién en el último, recordará en un instante todo lo que tuvo que sacrificarse para llegar hasta allí y mientras por su mente pasan imágenes de cuando jugaba con sus hijos y soplaba las velitas de la torta de cumpleaños, noqueará al contrincante con una sola trompada bien puesta; en cámara lenta, por supuesto.

Si es un jugador de jockey que siente que nadie cree en él, será campeón olímpico al final de la película. Da lo mismo si es un futbolista, músico, atleta, bailarín o patinadora sobre hielo. Siempre que crea en su sueño, llegará a la cima.

Si en cambio es un equipo de novatos e inservibles juga-
dores de fútbol americano, incluyendo a varios torpes, un
par de gordos, un miope y un niño pecoso y pelirrojo;
entonces un viejo entrenador fracasado (que alguna vez se
abandonó a la bebida pero que encuentra en este grupo la
única manera de re insertarse a la vida), les dirá que pueden llegar a las grandes ligas si es que buscan en lo profundo de sus corazones. Y en el último partido definitorio,
mientras van perdiendo 370 a 0, ellos buscarán «ese no se
qué» en sus corazones que tanto les habló el entrenador.
De pronto, aquel muchachito pelirrojo que había deserta-
do por haber perdido las esperanzas, se reintegrará al
equipo en el entretiempo y se producirá el milagro inespe-
rado: darán vuelta el resultado en el último minuto del
partido, anotando un tanto detrás del otro, con un público
que de manera sorpresiva los empieza a ovacionar, mientras que los rivales se quedan parados como si estuviesen
dibujados. Un canto a la vida, como verás.

Los campeonatos que hubiese ganado en el colegio
secundario de haber buscado «ese no se qué» en lo profundo de mi corazón.

No sé si también has notado, que todos los detectives y
policías buenos de las películas tienen un excelente sentido del humor, así estén en medio de una balacera o alguien
haya hecho estallar una bomba nuclear.

Nunca actúan solos, o lo hacen junto a un compañero
cómico que suele ser un poco torpe y vive comiendo
«perros calientes» dentro del automóvil o lo acompaña
una mujer, que en general es la que presenció el crimen y
la buscan para silenciarla.

Cuando en determinado momento, ella le pregunte porqué vive solo y nunca formó una familia, él le confesará:

«Perdí a mi esposa hace cinco años. Ahora solo soy un
hombre que busca justicia. Me gustan los cacahuates y las

corbatas azules, detesto la barbacoa, adoro el jazz y jamás le pongo cereal a la malteada. En otras palabras: soy un hombre solitario, cariño».

Los detectives privados nunca levantan la voz o pierden la calma, principalmente, si a su lado tienen a una hermosa mujer. Que por cierto, ¿notaste que la más obesa pesa 57 kilogramos? ¿Cómo hacen las americanas para tener esa figura con tanta comida chatarra?

—Vaya, vaya, ese disparo sí que estuvo cerca. Eso es a lo que llamo «tener buena puntería» —dice el detective mientras se mira la sangre que le sale a borbotones del brazo.

—¿Te duele? ¿Estás bien? —pregunta la rubia muy preocupada, aunque en los primeros minutos de la película lo odiaba a muerte.

—Sobreviviré, ahora debemos pensar en cómo salir de aquí.

En general, ella le da un beso apasionado y él replica:

«Esto es lo que me gusta de mi trabajo... daría el otro brazo para que ese beso se prolongara por la eternidad».

¿Cómo hacen para que le partan el brazo o la pierna de un balazo y acordarse de contar chistes? ¿Cómo hacen para mantenerse románticos cuando todo a su alrededor está explotando? ¿Por qué cuando mi esposa me despierta a la madrugada diciendo que escucha ruidos en el patio, no se me ocurre decirle una frase llena de humor y romanticismo como esa? ¿Por qué presiento que si me ocurriera darle un beso apasionado mientras alguien intenta robarnos la casa, ella no diría exactamente que soy un romántico incurable?

También he notado que si la película está cerca del final, es muy posible que el detective ya no pueda moverse de los treinta y dos disparos que acertaron en su cuerpo (por supuesto que solo se le ve un hilo de sangre en el labio inferior y todas las demás serán heridas leves y él aparecerá en la próxima escena con un pequeño apósito sobre la ceja derecha), y le dirá a su compañera que sostiene un arma y le tiembla el pulso:

«Vamos, dispárale, ¡tienes que hacerlo! ¡Hazlo ahora antes que sea demasiado tarde!»

Ella cerrará los ojos y disparará temerosa sobre el rufián, pero si la película se extiende un poco más, seguirá disparando con la misma puntería y sangre fría que «El hombre del rifle» y mandará al infierno a todos los delincuentes sueltos de Nueva York.

Por otra parte, el protagonista solo queda herido, de modo que más tarde la misma rubia pueda extraerle la bala con una pinza, junto al fuego de la chimenea, de manera tan natural como si se estuviese haciendo buches de agua con sal.

Otra de las cosas que noté es que siempre el jefe de los villanos, le contará con lujo de detalles todo el siniestro plan al detective, siempre y cuando, lo tenga amordazado y atado a una silla o un poste.

«Así es, planifiqué todo para adueñarme del mundo. Para cuando todos se den cuenta que este virus letal que he creado se propaga a través de la mantequilla de maní que comen todos los niños de este país, será demasiado tarde y cuando todos sufran botulismo, comiencen las convulsiones masivas y la nación entera sufra ataques de pánico, solo yo tendré el antídoto que dosificaré a cambio que me entreguen el control mundial del planeta. ¡Nada ahora podría fallar!»

Y luego de la explicación detallada, en vez de matar al bueno con un certero disparo, hará dos cosas:

a) Dirá: «Desháganse de él», y le dejará el trabajo sucio a dos secuaces totalmente tontos e inexpertos, que serán engañados con rapidez y reducidos por el protagonista.

b) Lo dejará atado con una bomba que contiene una implacable cuenta regresiva, pero el protagonista logrará desatarse de las sogas y saldrá por la ventana una centésima de segundo antes que estalle todo el lugar.

Y por supuesto, una vez que el villano sea detenido o esté a punto de morir, dejará bien en claro quién es el héroe:

«¡Maldito! ¡De no haber sido por ti, habría dominado al mundo!»

«Ya, llévenselo» dirá el bueno.

Otro género que me apasiona es el cine catástrofe. Siempre que los alienígenas atacan la tierra, el plato volador principal se posa encima de la Casa Blanca. Ojalá que sea por un mera cuestión presupuestaria y no porque los directores americanos ignoren que hay vida inteligente en el resto del planeta.

Y así como el que tiene una cicatriz muere en los primeros minutos de una película policial, en un filme de catástrofe, los primeros en morir son el negro cascarrabias, el científico japonés que conocía las claves secretas y el latino que aportaba la cuota de humor en la película, en ese cuidadoso orden. Ya sea que se los lleve un maremoto, los trague la tierra, los secuestre un alienígena o se los coma un dinosaurio, ninguno de los tres se subirá al helicóptero del final, mientras van pasando los créditos.

Y siempre que haya terminado una gran catástrofe, habrá una toma aérea mostrando a varios automóviles policiales con sus luces intermitentes en derredor del paisaje devastado y los protagonistas envueltos en una manta, mientras dicen:

«Ya todo terminó, es hora de volver a casa» mientras que la música te va alertando que también ya es hora de salir del cine. Y si pelearon contra renacuajos gigantes venidos de algún planeta, terminará la película con una humorada del tipo:

«Ah, y la próxima vez que salgamos a cenar, recuérdame no volver a ordenar ranas junto a la ensalada».

A continuación, y para despedirnos de la mágica fábrica de sueños, quiero regalarte una serie de doce situaciones que siempre ocurren en las películas de Hollywood, pero no te ilusiones; jamás te sucederá algo así en la vida real.

1) En cualquier película, las mascotas son tan inteligentes que son capaces de verte herido, ir a pedir ayuda a los guardabosques, llevarte arrastrando de regreso a casa, y hasta serían capaces de quedarse a morir al lado de tu tumba. Da lo mismo si es un perro, un delfín, un caballo, una cebra, un hámster, o un jabalí. Si está en la película, es porque tiene un coeficiente intelectual por encima de cualquier científico.

—Oh, cielos, Lassie, eres genial, ¡sabía que me traerías desde Indonesia! ¿Cómo hiciste para traerme arrastrando hasta Dallas?

—Guau, guau, guau.

—¿Qué intentas decirme, fiel amigo? ¿Qué conoces el nombre del sospechoso que intentó matar al Presidente?

—Guau, guau, guau, guau.

—¡Cielos! ¿Qué viste el momento exacto en que el tipo le disparaba? ¿Y qué también podrías reconocerlo si te mostramos una fotografía del criminal?

—Guau.

2) Cualquier delincuente perseguido por la policía, puede ocultarse entre la multitud de un gran desfile (hay que tener en cuenta que en los Estados Unidos, siempre que haya una persecución policial, se organiza un enorme desfile) y de inmediato dejarán de perseguirlo, por temor a herir a algún inocente.

«¡Cielos, lo perdimos! No podemos disparar, ¡hay cientos de niños y personas inocentes disfrutando del día de San Patricio!»

«Olvídenlo, el tipo es demasiado listo».

3) Pilotear un avión es un juego de niños, aunque nunca lo hayas hecho en tu vida, siempre y cuando, un oficial de justicia te guíe desde la torre de control.

«Escúcheme bien, Mahonie. Tendrá que seguir mis instrucciones al pie de la letra. Encontrará frente a usted una palanca azul, levántela lentamente, hasta lograr nivelar el avión. Luego, le diré como hacer para aterrizar bajando lentamente la palanca roja. Solo siga mis instrucciones y todo saldrá bien».

Siempre me pregunté porqué los pilotos de las aerolíneas ganan tanto dinero, si solo hay que mover dos míseras palanquitas.

4) Si se acerca un desastre meteorológico y una gran tormenta azotará la ciudad de Washington, en forma inmediata, el Presidente de los Estados Unidos, ofrecerá un discurso desde la Casa Blanca a todos los ciudadanos americanos para que guarden la calma.

«Estimados compatriotas, les habla el Presidente de los Estados Unidos. No hay nada por lo que temer. Hemos dispuesto a nuestros mejores ingenieros para que diseñaran un dique de contención con acueductos que desembocarán en el océano Pacífico, y según nuestros cálculos, estará listo en apenas 48 horas. Sé que les prometí que no habría más inundaciones, pero nuestro gobierno tiene todo bajo control».

¿Por qué cuando ocurre lo mismo en nuestros países, apenas un vocero presidencial sale diciendo que «las inundaciones son un lamentable tema que heredamos del gobierno anterior»?

5) Si sales a la calle, puedes tomarte cualquier taxi, y decirle «¡Siga a ese auto, no lo pierda de vista!» y el chofer, con mucha amabilidad y con un gran sentido del humor, te responderá:

«Cuenta con eso, amigo, ya me estaba haciendo falta un poco de diversión».

Y con todo gusto, estará dispuesto a destrozar su propio auto, llevándose por delante todo lo que esté a su paso, a cambio de un poco de acción y adrenalina.

Y cuando bajes del taxi, solo tienes que arrojarle un billete cualquiera y decirle:

«Quédese con el cambio».

6) Si alguien decide escaparse en su automóvil, puedes tomar el número de placa, dársela a un oficial y saber toda su vida con lujo de detalles, en menos de un segundo.

«Qué bueno que por suerte, ha podido tomar el número de su placa, lo ingresaré a nuestros banco de datos. Aquí está: Michael Harrison, cuarenta años, sangre del grupo positivo, siete infracciones de tránsito, gana mil ochocientos dólares a la semana, tenemos su número de seguro social, su plan dental y aquí dice que sufre el síndrome de colon irritable. Es un individuo peligroso. ¡Atención a todas las unidades: tenemos a un sospechoso huyendo en un convertible color gris!»

7) El comisionado siempre terminará diciéndole a su detective favorito que se aleje del caso; dado que esto se le ha vuelto demasiado personal y no quiere que lo afecte en lo emocional.

«Oye, estás muy alterado, aléjate de este caso, tómate unas vacaciones en tu velero, y deja que mis hombres se ocupen de esto ¿me oíste? Asignaré a otro oficial para que siga investigando».

«Olvídelo, comisionado Harry, si es así, le devuelvo mi placa y mi pistola, y seguiré investigando este caso por mi cuenta. ¡No puedo permitir que ese maldito asesino serial siga deambulando por las calles de la ciudad, mientras tenga que quedarme de brazos cruzados!»

Y después de manera inmediata, resolverá el caso completamente solo y cuando lo haya logrado, la policía llegará cinco minutos más tarde y el comisionado en persona le devolverá su placa, le dará un ascenso y le dirá:

«Perdona por no haber confiado en ti. El departamento de Policía te debe una disculpa».

8) El abogado bueno, siempre es alguien que cuando tiene un caso, no se detendrá hasta averiguar la verdad, y durante el juicio, apelará a cualquier recurso de oratoria y a su inefable elocuencia, solo para lograr que el acusado, no soporte la presión y confiese de inmediato.

—Así que usted, señor O' Hara, no recuerda que estaba haciendo la madrugada del 11 de Julio, pero casualmente, parece que usted si puede recordar con lujo de detalle la ropa que tenía puesta su esposa antes de morir, la mañana del 12 de Julio.

Por otra parte, pareciera que de repente, olvidó que su mecánico de cabecera le sugirió a usted que su esposa no debía subir a su automóvil hasta tanto haber arreglado ese «pequeño» desperfecto que le ocasionó la muerte en plena carretera.

—¡Protesto, su señoría, el fiscal solo intenta presionar a mi defendido!

—No hay lugar, continúe, abogado, y trate de evitar los juzgamientos apresurados.

—Muy bien, su señoría. Escúcheme, señor O' Hara, le recuerdo que está bajo juramento y solo le haré un pregunta más: si usted no recordaba que el automóvil de su esposa tenía un desperfecto, ¿cómo es que si recuerda con facilidad que es lo que se festeja el 4 de Julio en nuestro país?

—Bueno… yo… creo que lo estudié en la preparatoria.

—Buena respuesta, señor O'Hara, pero me veo obligado a decirle que me sorprende que olvidara avisarle a su esposa que no usara su automóvil, pero sin embargo, su analista estaría dispuesto a declarar que usted sí puede recordar que cuando era apenas un niño su madre lo golpeaba hasta el cansancio con un bate de béisbol, logrando hacerlo sangrar como un animal, y a partir de aquellas hemorragias, ¡usted se juró a sí mismo, que algún día se casaría, solo pare vengarse de las mujeres que lo golpearon toda su vida!

—¡Está bien! ¡Ya basta! ¡Yo maté a mi esposa! ¡Yo fui quien aflojó las ruedas delanteras de su automóvil, y también el que luego le pidió que fuese a comprar una malteada!

¿Ahora está contento, maldito abogado? ¡Y todas las mujeres de este jurado también deberían estar muertas! ¿Me oyeron? ¡Ninguna mujer merece vivir! (murmullo general del auditorio)

—Ya llévenselo de aquí y enciérrenlo —replicará el juez mientras golpea su martillo y cuatro policías forcejean con el acusado que acaba de enloquecer.

Fin del caso. Se levanta la sesión. Abrazos de los familiares de la esposa que buscaban que se hiciese justicia.

Luego, alguien muy allegado le preguntará al abogado:

—¿De dónde sacó a ese analista que mencionó en su alegato?

—No existe. Solo lo inventé para intentar presionar al acusado y lograr que confiese.

—Es usted un genio, doctor.

—Lo sé, ahora solo necesito tomarme un trago.

9) Siempre que una pareja joven se despierta, se darán un beso apasionado, sin la necesidad agobiante de tener que ir al baño o tener ese mal aliento y aroma nauseabundo que cualquier mortal tendría a la mañana, en la vida real.

10) Si alguien llega a tener un accidente repentino, todo se soluciona con un corto y expeditivo llamado telefónico.

«Linda, lamento darte una terrible noticia: tu esposo ha sufrido un accidente, ven de inmediato al hospital».

No hace falta dar más detalles, ni en qué hospital, ni cómo ni dónde fue el accidente y ni siquiera tienes que decir «adiós», antes de cortar. Del otro lado, te entenderán a la perfección.

Y cuando llegue, no importa si el paciente está en terapia intensiva, siempre podrá pararse al lado de la cama y decirle algunas palabras, aunque esté inconsciente y lleno de tubos. A menos que su corazón empiece a fallar; entonces de repente entrará un equipo médico y una de las enfermeras le pedirá que abandone el lugar de inmediato.

11) A cualquier puerta que llames más de dos veces y no te contesten del otro lado, tienes la plena autorización para decir en voz alta:

«Lo siento, tendré que derribarla».

Quizá algún compañero te recuerde que no tienes una orden de cateo, pero no tienes que darle la menor importancia. Acto seguido la podrás tirar abajo con tu hombro, por más cerraduras que tenga. Y si alguien te da una golpiza y te arroja por la ventana, no te cortarás ni sufrirás ninguna herida.

12) Si viajas con tus hijos en el automóvil durante la época navideña, nunca estarás estresado por el tránsito de las fiestas, alterado por la falta de dinero o retándolos porque se portan mal. Siempre conducirás cantando unos alegres villancicos con tus hijos, mientras la nieve comienza a caer lentamente. Tu única gran preocupación es que nadie en la ciudad se pierda el espíritu de la Navidad.

Y si ves a un vagabundo que está solo, lo puedes subir al auto e invitarlo gustoso a compartir tu mesa para saborear el pavo recién horneado en tu casa, y lo más sorprendente: ¡tu esposa estará muy contenta de recibirlo! ¡Damas y caballeros, eso no puede ser otra cosa que la magia de Hollywood!

Capítulo **13**

¡Qué saben estos!

Mis hijos han patentado una frase que se ocupan en repetir cada media hora:

«Estoy aburrido».

Por supuesto que no es lo único que dicen, también suelen intercalarla con otra que dice:

«Estoy muy aburrido».

Estén encerrados en casa en un día lluvioso o en pleno verano caminando por Disney World. Ellos pertenecen a esta generación de niños que nada los sorprende. Estoy seguro que podría traerles a Mickey en persona, ellos lo mirarían con la misma cara de aburridos y me dirían:

«¿Traer a este ratón gigante a cenar es lo mejor que se te ocurrió, papá?»

Tienen los videos de los juegos del momento, la computadora que el mismísimo Bill Gates ni siquiera sospecha que exista, los DVDS con los últimos estrenos… pero igual están aburridos. No es porque sean mis hijos, seguro, pasa

con los tuyos. Y no estés leyendo con esa cara de supera-
do, si todavía no los tienes, tarde o temprano tendrás un
par de niños, y se aburrirán a los pocos minutos de nacer.

No hay nada que puedas hacer para entretenerlos y
lograr que se sorprendan. Ellos son de la generación del
Cartoon Network e internet. Aprietan el botón azul y
James Bond dispara sin piedad y hace volar setenta y siete
tanques de guerra. Y si oprimen el rojo, hacen estallar el
televisor, literalmente.

Es que la mayoría de estos niños no tiene la menor idea de
como pasamos nuestra infancia. Cualquier mortal que hoy
tenga más de tres décadas de vida, sabe exactamente de lo
que estoy hablando. A menos, claro, que seas el hijo del
Príncipe Carlos; que si ese fuese el caso, me pregunto cómo
llegó este libro a tus manos. Se supone que deberías estar
atendiendo cosas más importantes en vez de leer estos
libros que en tu caso, no te ayudarán en nada. Pero todos los
hispanos restantes, (a menos, insisto, que seas el nieto de la
Reina Isabel) ni siquiera hemos contado con el lujo de aburrirnos. No solo que no teníamos tiempo, sino que tampoco
se nos hubiese ocurrido. Nuestros padres siempre tenían
una buena idea para combatir nuestro aburrimiento.

—¿Así qué el «señor» está aburrido? ¡Póngase a estudiar
y va a ver cómo se le pasa el aburrimiento!

—¿No sabe qué hacer m'hijo? Tome la palita y la escoba
y póngase a juntar la caca del Tuqui. ¿Quería tener un
perro? ahí tiene el perro, ¡Hágase cargo del perro ahora!

—¿No sabe qué hacer? ¡Vaya y corte el pasto a ver si se
entretiene! «aburrido», ¡lo único que me faltaba! ¡Jah! ¡El
señor está aburrido!

Ese es otro tema digno de destacar. Esas frases que tanto
nos molestaban cuando éramos chicos, ahora nosotros
mismos se las vivimos diciendo a nuestros propios hijos.
Son frases que nos dijeron nuestros padres hasta el hartazgo y que juramos que jamás volveríamos a repetir, pero al

verlos «aburridos de la vida», las volvemos a decir sin ninguna piedad, y hasta con cierta satisfacción.

- Cuando seas grande vas a poder hacer lo que quieras.
- Mientras te sientes en nuestra mesa, vas a tener que hacerme caso.
- Come con la boca cerrada, hazme el favor.
- No me interesa lo que hagan tus amigos.
- Porque soy tu padre y basta.
- No se, pregúntale a tu madre.
- ¿Podrías sentarte como la gente?
- ¿No escuchaste? Porque soy tu padre.
- ¿Cómo que no sabes hacer la tarea? ¿Pero quién es el que va a la escuela?
- ¡Apúrate que te estamos esperando hace más de dos horas!
- Si no te apuras, nos vamos y te dejamos.
- Ya te dije, porque soy tu padre, ¿qué parte no entiendes?
- ¡Qué saben estos!

Y conste que esta última frase se utiliza para cualquier hijo, aunque sea uno solo. «Estos» no habla de varios hijos, sino de toda una generación. La misma se puede utilizar con distintas variantes, siempre que mantenga el mismo sentido.

- Estos no saben lo que a uno le costó tener lo que uno tiene (*sic*).
- Estos se piensan que la vida es fácil.
- Si supieran estos lo que cuesta ganar la plata.
- Cómo se ve que estos no pagan el teléfono.
- Se nota que a estos nunca les faltó nada, ¡si supieran!

Lo que hace odiosa esa frase para cualquier hijo no es la semántica, sino la manera en que un padre emana la oración al aire. Porque la idea es que hay que decirla en voz alta, aunque nadie esté escuchando, además del hijo, por supuesto.

Todo tenía que durar

Mi infancia transcurrió entre los setenta y los gloriosos años ochenta. Y lo que más recuerdo era la indumentaria, porque no era lo mismo vestirse en aquellos años a vestirse ahora, y no estoy hablando de modas, precisamente.

En mi tiempo, si eras varón, estabas condenado a los zapatos marrones. No me pregunten el porqué. Solo sé que los zapatos de cualquier otro color no eran una opción viable. Por otra parte, uno jamás decidía que zapatos iba a ponerse. Mamá elegía por nosotros. El color (marrón, por supuesto) y el talle. Ella entraba a la tienda de zapatos y decía:

«Ando buscando zapatos marrones abotinados para el nene, con cordones» remarcaba que fuesen con cordones, porque decía que los mocasines se «destartalaban» y se hacían como una canoa, que después no servían para nada «y que sean un talle grande, porque en unos meses, el pie le vuelve a crecer una barbaridad».

Punto. No era materia opinable. Me tenía que poner los zapatos marrones tres talles más grandes. Tenían que sobrar unos ocho centímetros entre la punta del zapato y el dedo gordo del pie.

«Me parece que me andan un poquito grandes» le decía a mamá con la voz aflautada.

«No son grandes, está bien así. A tu padre y a mí no nos sobra la plata como para comprar zapatos todos los meses; después te crece el pie ¿y yo qué hago? ¿eh? ¿De qué me disfrazo si al señor le crece la pata?»

Así que la solución era ponerle algodón en las puntas y salir a caminar por la vida. El tema era que la transpiración del pie y el roce, apelotonaban el algodón y perdía el control de los zapatos, que terminaban siendo un ente en sí mismo y ya no los podía dominar. Era muy común que los zapatos pensaran por sí solos e intentaran llevarme a cualquier lado, librado a su propio antojo.

Los viernes, podía dejar que los zapatos descansaran. Era el día de educación física, que dicho sea de paso, no se porqué razón en mi tiempo solo se le decía «gimnasia».

Lo que hacía que los viernes fuesen mis días favoritos, no era la proximidad del fin de semana, sino la posibilidad de usar zapatillas.

En aquel entonces existían dos tipos de zapatillas que eran las «abanderadas de lo barato», y los «estandartes de lo ordinario». Ambas marcas ya no existen, pero alguien debe haberlas usado, además de mí.

Por si fuese poco se iban deshilachando de los costados y se le hacían agujeros en la parte de arriba. Y tampoco me pregunten la razón, pero tampoco llevaba medias blancas con las zapatillas; no se si se debía a una cuestión de presupuesto o si solo era para hacerme la infancia mas tortuosa, pero las zapatillas blancas las llevaba con medias azules de vestir con alguna que otra pelusita blanca, porque eran también las que además usaba para dormir.

Los pantalones eran otro tema digno de una sesión de terapia. Normalmente, recuerdo haber usado pantalones azules, que cuando se gastaban a la altura de las rodillas, se les colocaba un parche de cuero marrón, que ahora que lo pienso ¡combinaban de manera perfecta con los zapatos!

Para los pantalones se utilizaba la misma técnica que con los zapatos. «Para que duren» se los compraban unos cuatro talles más grandes, se le hacían pinzas en la cintura y se le subía la popular «bota-manga». Es decir, lo que sobraba de largo, se daba vuelta para arriba, del lado de adentro. A medida que iba creciendo, me descosían la bota-manga que estaba metida para adentro y me bajaban un trozo de pantalón para abajo. Entonces se producía el famoso y popular efecto del «gaste desparejo». Terminaba con un pantalón de un indefinido color ratón mojado, y la parte de abajo, unos diez centímetros, nuevitos por completo, azul oscuro.

Como dijo alguna vez un famoso y sabio comediante: «las maestras podían adivinar nuestra edad al igual que con los troncos de los árboles: contándonos las rayas de la bota-manga».

No sabe/No contesta

En esencial, y por una cuestión netamente cultural, los niños no teníamos opinión por lo menos hasta los veinte años. Hasta esa edad, alguien pensaba y decidía por nosotros, con viento a favor, claro; porque sé de casos de hijos que hasta los treinta no pudieron decidir qué zapatos comprarse.

Mi padre solía llevarme a la peluquería, a cuyo dueño lo apodaba «Carlitos». Recuerdo que ese peluquero jamás me dirigió la palabra, ni siquiera para saludarme. Me ignoraba por completo. Para él, yo solo era una cabeza con pelo, una papa a punto de pelar. Me sentaba en el sillón, me envolvía el cuello con una toalla, miraba a mi padre y lanzaba otra de las frases que marcaron a fuego mi paso por la niñez:

«¿Y? ¿Cómo le cortamos al pibe?»

«Bien cortito, Carlitos, bien cortito, que el presupuesto no alcanza como para andar viniendo seguido».

Acto seguido me hacían ese corte, que por los siguientes dos meses, estaba obligado a olvidarme del peine, y del espejo, claro. Me cortaba a navaja, bien peladito, y en la nuca me dejaba tipo escalerita, que era un espanto. Además, el corte parecía hecho por un borracho ciego con mal de parkinson, después de haberse empinado catorce vasos de cerveza.

Y así tenía que ir al colegio y enfrentar a los compañeritos que me miraban como a un recién llegado de Bosnia, y hasta algunos sospechaban si acaso no era un sobreviviente de la tragedia de Chernobyl.

Hay que destacar que no se trataba de padres desalmados,

sino que simplemente vivíamos en la Argentina de finales de los setenta y la única especialidad de los coiffeur de la época eran los «descuentos a jubilados», porque de la manera que les cortaban, era un crimen cobrarles como al resto de las víctimas.

Coma con la boca cerrada

A la hora de las comidas, el sistema era el mismo, los niños no teníamos opinión. Lo que nos gustaba, no le importaba a nadie. Alguien ya había pensado por nosotros y lo seguiría haciendo hasta que fuésemos adultos.

En ocasiones, mi esposa me suele decir:

«Llama a los nenes, y pregúntales que quieren desayunar. Si prefieren leche con chocolate, café con leche, leche fría con cereal, o solo un yogurt».

En nuestro tiempo, a nadie jamás se le hubiese ocurrido preguntarnos algo. Como iba al colegio a la tarde, mi madre me levantaba a las nueve de la mañana, para que fuera a comprar el pan. Y cuando regresaba, tenía servida esa leche hirviendo, que tenía una temperatura como para pelar pollos.

«Tómela rápido» decían nuestras madres «que se le va a formar la nata».

Que para los que no saben, la nata es esa «película» sospechosa que se gestaba arriba de la leche y que con destreza teníamos que sacar con la cuchara.

Por otra parte, nuestros hijos no pueden comer si no están incentivados con el postre que vendrá más tarde. Nosotros no teníamos opciones.

En mi caso, o me iba al mandarino del fondo de casa, que jamás dio una mandarina como la gente (eran unas cosas agrias con gajos, peores que un limón) o esperaba el fin de semana, que quizás, había queso y dulce. Que nunca supe porqué, pero siempre había más queso que dulce. O más dulce que queso. Era como que nuestros padres tenían un serio problema para comprar parejo.

O nos daban un enorme pedazo de queso con un microscópico dadito de dulce arriba, o se terminaba el queso, y quedaba el dulce abandonado en la nevera por un mes y medio y nadie lo quería tocar.

Entonces, por los siguientes treinta días, se producía el siguiente diálogo:

«Mamá, ¿hoy no hay fruta o postre?»

«No señor, hasta que primero no se terminen ese dulce que dejaron ahí tirado en la nevera. Ahí está el dulce. Ni lo tocan, con lo caro que salió. ¿Ustedes se piensan que a tu padre le regalan el dulce? Aclaro que no pienso comprar más fruta, hasta que no se coman ese dulce. Ustedes no saben la cantidad de chicos que no deben tener para comer, y los señores, tirando el dulce. Seguro que en África los chicos no tienen para comer, y ustedes se dan el lujo de tirar comida».

Así que, por un mes y medio, ya ni preguntábamos por el postre, porque sabíamos que si abríamos la boca, estábamos condenados al dulce. Y todo por culpa de los niños africanos, que con todo gusto, le hubiésemos enviado el dulce por correo.

Porque la filosofía en nuestro hogar era «no tirar nada». Lo que sea, se lo dejaba un par de meses dentro de la nevera, hasta que estábamos obligados a tirarlo debido al olor nauseabundo que invadía la casa, pero en ese caso, mi madre lo hacía sin culpa. No es lo mismo «lo tuve que tirar porque sobró», a «lo tuve que tirar porque estaba en mal estado y me llenó de olor el vecindario».

Hasta el día de hoy recuerdo que durante años, en la nevera había un platito con un huevo medio roto, por ejemplo. Y un tarro de miel, inerte, que estuvo hasta que me casé. Y ahora que lo pienso, tengo mis dudas si acaso aún no continua ahí.

Toy story

Había juguetes que por nuestra salud mental, asimilábamos que no íbamos a tener nunca. En mi caso, con la promesa de portarme bien, mi madre me compraba un autito de colección por año, es decir, que si comenzaba a los seis, a los catorce lograba tener ocho autitos. Cuando podía armar una autopista respetable, ya tenía edad para casarme. Y como por suerte me daba cuenta de la situación, los terminaba poniendo como adorno en un estante. Por eso, todos los adultos que tienen mi edad, en algún momento necesitaron terapia de manera urgente, y no se dieron cuenta.

«Mi amor, cuando nos casemos, vamos a llevar estos autitos con nosotros, ¿me escuchaste? Para mí tienen un significado muy especial, y no te rías, ellos son parte de mí. ¿Te quedó claro?»

Ni siquiera nos importaba si nuestra esposa quería llevar a su madre a vivir con nosotros. Siempre y cuando nosotros pudiésemos conservar la colección de autitos en miniatura.

«Por favor, no me toquen la colección de autitos ¿eh? Miren que algún día quiero dejárselos como legado a mis propios hijos».

Que valga la aclaración, en mi caso, todavía tengo unos seis o siete autitos en un estante, que ya resistieron nueve mudanzas, dieciséis años de matrimonio; y lo peor de todo, es que a veces mi hijo mayor me dice:

«Papá, necesito espacio para mi bati-móvil centrífugo electrónico robotizado inteligente con control penta-direccional a energía solar, ¿podrías deshacerte de esos autos viejos de una buena vez?»

Así es como nuestros hijos valoran nuestra herencia, que tantos años nos costó forjar.

Otra de las cosas que la modernidad ha dejado en el camino es la colección de figuritas. Eran económicas y nos mantenía ocupados durante gran parte de nuestra niñez. Yo tuve un álbum de *La Pantera Rosa* que tardé nada menos que ocho años en completar, y aun así, no me pude ganar la pelota número cinco que prometían con el álbum completo, porque cuando al fin lo logré, la promoción había terminado hacía cinco años.

Mi retraso fue debido a que la única que me faltaba para lograr la colección completa era la del *Oso Hormiguero* (que invertí ocho preciados años en buscarla) es más, ahora que lo pienso, quizá nunca existió, para que nunca nadie pudiese ganarse la pelota.

En definitiva, aquellos que tengan más de tres décadas de vida, deben coincidir conmigo que tuvimos una niñez austera, sin demasiados lujos, y mucho menos, tiempo para aburrirnos. Lo único que teníamos a mano y sin ningún costo adicional, era la imaginación. Por eso, muchos de mi generación terminaron siendo creativos, escritores, directores de cine, dibujantes, o guionistas. Más por necesidad que por opción.

Porque aquellos que tuvimos que pasar la niñez con los mismos ocho autitos de colección, solo nos restaba imaginar y soñar. Entonces, el desvencijado galpón podía transformarse en un fuerte para resistir a los apaches. O también servía como escondite de *Billy The Kid* o la mismísima cueva del *Zorro*. El árbol podía ser un gran escondite secreto. Y nuestra única compañía era el perro, que bien podía hacer del brioso alazán o sencillamente alguien de la banda, con el que podíamos dialogar o planear un próximo atraco. Y por supuesto, también teníamos que imaginar los efectos especiales. Que a diferencia de nuestros hijos, que basta que opriman un botón y la tecnología hace el resto, nosotros teníamos que hacer los sonidos con la boca. Los disparos, las trompadas, los rayos láser, el ensordecedor ruido de los autos de carrera, el motor de un camión o una gran explosión.

A decir verdad, no siento pena por el niño que fui; me doy cuenta que quizá esté escribiendo este libro, gracias a que las pocas opciones me ayudaron a crear y desarrollar la imaginación.

Así que, si alguna vez, algunos de tus hijos te lanza la famosa frase: «Estoy aburrido», solo tienes que tomar aire, poner cierta cara de adulto experimentado y responderle:

¡Qué saben estos!

Capítulo **14**

Colegios eran los de antes

Convengamos algo que me interesa que quede claro si vas a continuar leyendo: no es lo mismo ir al colegio en la actualidad, que haber ido hace treinta años.

En primer lugar, recuerdo que teníamos que llevar un impecable uniforme blanco, esos que colocábamos el bolígrafo en el bolsillo de arriba, al que le explotaban los cartuchos de tinta y le hacía una mancha que quedaba para todo el año, imposible de quitar.

Escarapela o escudo de la patria, para cualquier ocasión: día de la raza, día de la independencia, día de la bandera, día en que se puso de novio el prócer, día en que se divorció el mismo prócer, todo en absoluto se festejaba con el escudo patrio.

Que no era cualquier «cintita» como mis hijos utilizan ahora. Era un escudo de casi treinta centímetros de diámetro. Mi cabeza se asomaba con timidez detrás de los colores de la bandera; además, iba prendido en el guardapolvo escolar con un alfiler de gancho, que si durante el recreo, salía al patio corriendo, y me olvidaba que tenía puesto el escudo, no estoy seguro si moría apuñalado con el alfiler de gancho, pero como era tan viejo y estaba tan oxidado, seguro que me pescaba una buena gangrena.

Había dos tipos de escudos patrios o escarapelas, como se las llama en Argentina, y yo puedo enorgullecerme de haber usado de los dos.

Estaban las de tela, que eran más ordinarias, porque las heredaba de mis hermanos mayores, cuyo color blanco era de un amarillento sospechoso.

Esa escarapela te otorgaba una presión extra con la que no esperaba contar: era el escudo patrio de la familia.

«Y que no se te ocurra perderlo, ¡que acá no sobra la plata como para andar comprando otro!»

Lo tenía que traer de vuelta en óptimas condiciones, y se guardaba en el costurero, entre el dedal y los hilos de coser. Y también estaban los de papel, que venían en las revistas didácticas o en el suplemento infantil del periódico, que eran más artesanales, porque había que pegarlas en un cartón, y ponérselas en el pecho. Esos eran peor que los de tela, porque si llovía, se mojaba el cartón, el escudo se levantaba de los costados como para levantar vuelo y cuando se secaba se hacía un rollito. Y la maestra decía:

«¿Qué anduvo haciendo Gebel con el escudo de la Patria? Seguro que se anduvo revolcando, ¡usted no tiene vergüenza!»

En aquel tiempo tampoco se usaban las mochilas. Los chicos no iban al colegio doblados como caracoles, cargando treinta kilos en la espalda.

Teníamos la valija marrón (había una fijación con ese color) y me las arreglaba para meter los libros de canto, porque no había manera que entraran de otra manera.

Introducía un sándwich de jamón y queso y extraía un tostado, porque con el calor y la presión de los útiles, lo cocinaban como si fuese un horno a micro ondas.

Las cartucheras, tampoco eran como las de ahora, que tus hijos te dicen:

«Papi, necesito una de tres o cuatro compartimentos o de lo contrario no estaré a la moda y lamento comunicarte que no podré ir al colegio este año».

Nosotros usábamos unas cartucheras, que eran un tipo de bolsitas con una soguita que tenía que jalar para poder cerrarla, y nada en su interior estaba discriminado. No hacíamos acepción de lápices. Tenía el mismo derecho el lápiz blanco que el negro, el sacapuntas y la goma de borrar. Todo iba apretado de igual manera. Recuerdo que tenía que meter la mano y conocer los útiles a través del tacto.

Como además tuve el valor agregado de ser el menor de cuatro hermanos, obviamente también heredaba los libros. Mis padres pensaban:

—Compremos un buen libro de una sola vez para el mayor, y que después le sirva a los tres restantes.

Pero no tenían en cuenta, que cuando yo nací, mi hermano mayor ya tenía treinta años. Por consiguiente, cuando yo llevaba el «Manual del alumno Bonaerense», el libro ya tenía cuarenta y cinco años de vida. Y por si fuera poco, todos los años, el manual iba cambiando. Cada curso tenía su propio libro, según la edad de los alumnos. Yo tenía uno solo, que era genérico, de los primeros que habían salido, que cuando lo llevaba al colegio, tenía que dejar todos los demás útiles, porque no entraban. Llevaba el manual, un lápiz y una goma de borrar. Pesaba unos cinco kilos y medio, tapa dura, color gris. Pero tenía su lado bueno, porque en los manuales de mis compañeros, que eran más «modernos» y de tapa blanda, la historia venía mucho más resumida. Cuando había que estudiar acerca del descubrimiento de América, en mi manual estaba contado con lujo de detalles, porque el autor del mismísimo libro había sido el contramaestre de *La Santa María*.

Con las revistas didácticas y escolares, sucedía algo similar. Se las habían comprado a mi hermano mayor, hacía cuarenta años. Ya no me quedaban figuritas para recortar. Cuando teníamos que hacer un trabajo práctico, no podíamos recurrir a Internet, solo disponíamos de las revistas didácticas... que estaban todas recortadas. Los desconsiderados de mis hermanos, habían amputado todas las banderas, las escarapelas, los escudos, las caras de los próceres y hasta los caballos. No quedaba absolutamente nada, así que, una vez más, tenía que echar a volar la imaginación. En más de una ocasión, me vi obligado a cortarle las orejas al ratón Mickey, subirlo encima de Pluto y tratar de hacerle creer a la maestra que se trataba de un prócer montado en su brioso caballo.

Otro libro que heredé fue el diccionario. Me acuerdo que algunos llevaban un diccionario pequeño, de bolsillo; yo tenía uno (todo deshojado, de hecho, estoy seguro que no existe un diccionario escolar en el planeta tierra que no se deshoje) que si el Manual pesaba cinco kilos, el diccionario no se medía en kilos, sino en toneladas. Mi madre decía:

«Usted anote la palabra que no sabe en el colegio, y después la busca tranquilo en casa».

Por si fuera poco, le faltaba toda la letra C, la H, la V y la Z. Y así sobreviví los siete años de primaria. Si la maestra decía:

—Para mañana, busquen el significado de la palabra «Hueso», de antemano yo sabía que no contaba con la letra «h». Así que, directamente buscaba «Güeso».

—¿Cómo se le ocurre escribir «Güeso»? ¿No sabe que la letra h es muda, Gebel?

—Era muda, señorita, era muda. ¡Porque por sus llagas hemos sido curados!

Debo reconocer que las limitaciones del diccionario pudieron haber sido un incentivo para transformarme en un predicador de milagros.

Otra de las cosas que quiero destacar de aquel tiempo, es que nuestra madre jamás se sentaba a hacer la tarea con nosotros, literalmente. Hace unos días, una madre comentaba en la puerta del colegio de mis hijos:

«Si no me siento con Matías a hacer la tarea con él, él ni se preocupa de hacerla. Así que, me siento con él, me armo de paciencia y la hacemos juntos».

En mi tiempo, la madre apenas se ocupaba de «supervisar», nada más. Ella se aseguraba que no te levantaras de la silla de la sala hasta que no terminaras la tarea. Y mejor que no se te ocurriera decir «no entiendo», porque las madres tenían un método didáctico y pedagogo que nunca fallaba:

«Mejor que no te levantes de la silla hasta que entiendas, porque te vas a quedar sentado ahí hasta que te salgan raíces».

Y de manera milagrosa, en cuestión de segundos, entendía todo. Recordaba cada palabra de la maestra como si me estuviesen mostrando una película.

Cuando compramos los útiles de mi hijo para este año, tuvimos que recorrer medio país, porque quería la cartuchera de los *Power Rangers*, las carpetas de *Spiderman*, y las carátulas de *Los cuatro fantásticos*.

En mi tiempo, era una utopía el solo pensarlo, teníamos que llevar todo forrado de estricto papel verde. Y los alumnos se dividían en dos etnias básicas: el turno de la mañana eran de papel azul, y los de la tarde, de la de papel verde. Punto.

Y ahora que lo pienso, era una desgracia forrar esos cuadernos. Si mis padres habían cobrado un dinero extra en el salario, quizás me compraban un cuaderno tapa dura, y esos eran un poco mas fáciles de forrar. Pero los que usaba yo, se me doblaban todos. Estaban hechos a prueba de nervios.

Tampoco podía exigir como lo hacen nuestros hijos ahora, que nos dicen: «Necesito algo de dinero para comprarme algo en los recreos, que me muero de hambre». En mi tiempo, nuestras madres nos mandaban con diez galletitas de agua, metidas dentro de una bolsa de nylon. Que de la vergüenza que nos daba sacarlas, preferíamos que se nos humedecieran dentro de la valija. Como mucho, con diez centavos, me compraba un paquete de dulces, que me lo metía en el bolsillo superior del guardapolvo, y los dosificaba para que me duraran durante todo el resto del día.

«Look escolar»

A mi hijo de diez años, no se le ocurriría ir al colegio sin producirse, sin peinarse con estilo, y sin su inseparable reloj. En primer lugar, a mí ni se me hubiese ocurrido usar reloj. En la escuela primaria, me tenía que guiar por el sonido de la campana. Si preguntabas:

«Señorita, ¿qué hora es?»

«¿Y a usted qué le importa? ¿Está apurado, acaso? ¿Tiene qué ir a algún lado? Copie lo del pizarrón y deje de preguntar cosas que no le importan; «¿qué hora es?», ¡que barbaridad!»

En mi tiempo, eras como un preso. La campana te guiaba si faltaba mucho, si estabas en la segunda hora, o a punto de salir de prisión.

Y de tener un peine, ni hablar. Es más, yo no recuerdo ni a un solo compañerito que estuviese peinado. Excepto las nenas, que les hacían esas colitas, que parecían motocicletas, las pobres. Pero nosotros, ni nos peinábamos. Es más, jamás tuvimos espejo en el baño.

«¿Para que necesitan espejos?... si son varones», decía la directora como toda explicación.

Eso si, solo nos peinábamos para las fechas patrias. Era cuando nuestras madres nos interceptaban y nos hacían el control de aduanas de mugre.

Mi madre me decía una frase, acuñada por todas las progenitoras del planeta:

«Cámbiese ese calzoncillo, que si llega a tener un accidente, y le tienen que sacar los pantalones, la que pasa vergüenza es su madre».

Nunca entendí bien la frase. ¿Por qué en el caso de un hipotético accidente sería necesario perder mis pantalones? Y lo principal: Si el que está sin pantalones soy yo, ¿Por qué la que iba a tener vergüenza es mi madre? en fin, interrogantes que seguro nos llevaremos a la tumba.

Me acuerdo que la noche anterior a una fecha patria, mi madre sentía la responsabilidad que me viera impecable, como si el prócer en cuestión fuese su propio hijo. Me metía los dedos en las orejas y era una profesional en encontrar suciedad y mugre acumulada en lugares y orificios que yo ni sospechaba que tenía.

Además, nada de estar cuatro horas bajo la ducha, como hacen nuestros hijos.

Era lavabo y esponja y me refregaba hasta arrancarme la primera piel, que estaba demasiado sucia como para dejármela puesta. Después, tomaba una tijerita y me rebanaba tres cuartas partes de los dedos mientras decía:

«A ver esas uñas, tienen que estar cortas y limpias, porque las uñas es lo primero que la maestra ve, y ella piensa: "si así tiene las uñas que se ven, como tendrá los calzoncillos que no se ven"».

A decir verdad, nunca supe si las maestras pensaban eso, pero si mi madre lo decía, seguro que por algo sería.

Al día siguiente, que era la fecha patria, me ponía una corbata azul, el escudo patrio de la familia, el uniforme impecable, parches nuevos al pantalón, una nueva bajada de bota-manga y me peinaba a la gomina con una raya al costado hecha por una verdadera artista, que dejaba ver el cuero cabelludo blanco y me quedaba de recuerdo para todas las fotos.

Otra de las cosas que recuerdo de mi niñez en la escuela es que todos los días, teníamos que cantarle a la bandera. Dos veces por día, a la entrada y a la salida. Y como en mi colegio había dos turnos, se le cantaba nada menos que cuatro veces al día. Y no era que le podíamos cantar distraídos o de memoria. No señor, casi teníamos que entrar en trance para poder cantarle.

«¡Póngase derecho, Gebel, que le está cantando al símbolo patrio que el creador de la bandera nos legó!»

«¡Abra la boca, Gebel, y gesticule como corresponde que le está cantando al símbolo patrio de nuestra Nación Argentina!»

Y me aprendía la canción (que se llamaba «Aurora») y la terminaba cantando hasta cuando jugaba en casa. Aunque debo confesar que no comprendía demasiado la letra, de igual modo la cantaba por fonética.

Y en la fila, teníamos que tomar distancia, que era toda una técnica. Teníamos que pararnos con la columna derecha y con las puntitas de los dedos de la mano, tocar el hombro derecho del que estaba adelante. Y el primero de la fila, siempre preguntaba la misma tontería, durante los eternos siete años que duró la primaria:

«Señorita, ¿y yo no tomo distancia?»

«No, Murphy, ¿Usted es tonto o se hace? ¿Cómo va a tomar distancia si está primero en la fila?»

Maestras eran aquellas

Las maestras de ahora, tampoco tienen que ver con las de mi tiempo. Si querías ejercer el oficio de la docencia, tenías que tener nombre de maestra. Eran parte de una raza que a esta altura, está en serio peligro de extinción.

Aún recuerdo el nombre de algunas de ellas: señorita Marta Dipietro, señorita Estela Martínez, o señorita Margarita Prapronic. Y ser maestra, además de enseñar sus conocimientos pedagógicos, significaba ser patriótica. Para ser maestra tenías que tener un ataque de patriotismo, todo el tiempo.

Por supuesto, si eras maestra, tampoco podías tener una vida propia. La familia de la docente eran los educandos. A la señorita Marta Dipietro no se le conocía marido y se decía que era viuda de nacimiento. La señorita Estela Martínez, era soltera, aunque acusaba 64 años. Y la señorita Margarita Prapronic, tampoco tenía esposo, ni hijos, ni sobrinos, ni nada que se le pareciera. Vivía más sola que el abuelo de Heidi, su familia era la institución escolar, y por consiguiente, era la directora del colegio.

Lo que más recuerdo es que desarrollaban un arte de la gesticulación. Y por eso, mi generación no tiene errores ortográficos. Porque ellas remarcaban las palabras para que no quedara la menor duda de cómo debían escribirse.

«Señorita Dipietro, ¿puedo ir al baño?»

«A ver, Gebel, se dice: "¿puedo ir al "bbbbaño"? con "b" larga, ¿entendió?; a ver, repita "bbbbbaño" conmigo, hasta que le quede grabado y pueda decirlo y escribirlo de forma correcta».

Lo más probable era que te orinaras encima, pero puedo asegurarte que ese día aprendías a escribir la palabra «baño» con la exactitud de un ingeniero.

Eran docentes a tiempo completo y cualquier oportunidad

era bienvenida para darnos una clase de ortografía. Jamás se distendían, siempre estaban alertas para aplicar su oportuna clase de gramática.

Cuando regresábamos de las vacaciones, creíamos con ilusión que ella quería distenderse con los alumnos, preguntándonos acerca de cómo la habíamos pasado.

«A ver, Gebel, cuéntenos: ¿que hizo en estas "vvvvvacaciones"?»

Si aun después de eso, escribías «vacaciones» con b larga, significaba que estabas preparado para ser un bruto sin remedio.

Ahora que lo pienso, no recuerdo cómo pasé mis vacaciones, pero puedes estar seguro, que sé exactamente cómo se dice y se escribe.

Capítulo **15**

Los treinta puntos de un examen

Si alguna vez estudiaste algo, o concurriste a algún establecimiento escolar, estarás de acuerdo que a la hora de una prueba escrita, todos los mortales del mundo reaccionamos más o menos de la misma manera. No importa si estás estudiando para ser ingeniero de la NASA o veterinario. A continuación, una breve e implacable descripción de los treinta puntos de la catástrofe a la hora de la verdad.

1) Ya cuando te avisan que van a tomarte un examen, comienza una cuenta regresiva rumbo a la tragedia. Porque tu vida es antes y después del examen. Además es justo ahí cuando recién te das cuenta que no aprendiste nada en todo el año y que debiste hacer algo útil, además de enamorarte de la profesora de música.

2) La noche anterior del examen no puedes dormir, preparas una jarra de café, y tratas de aprenderte todo lo que no estudiaste en el año. Y lo peor: empiezas a sacar cuentas

ridículas que jamás podrás hacer realidad: «Puedo mirar televisión y cenar tranquilo, luego comienzo a estudiar a las diez de la noche, y si estudio un tema por hora, a las cinco de la mañana, me tengo que saber unos ocho temas, ahí tengo dos horas para bañarme, desayunar, y a las siete, salgo para el colegio, en todo caso, al regresar duermo una buena siesta».

3) A las dos de la madrugada, te caes de sueño, y te das cuenta que tu cabeza está tan embotada, que no recuerdas nada, y se te mezclan los logaritmos con los vertebrados. Entonces comienza el plan «B»: tratar de planificar una manera de copiarte en las pocas horas que quedan.

4) Te escribes resúmenes en la mano, los brazos, y por sobre todo, escribes diminutos papelitos que pegas con cinta adhesiva en la parte interna de la chaqueta que vas a llevar mañana.

5) Llegas al colegio, con la esperanza de encontrar consuelo en tus compañeros, pero de los nervios, solo se ríen con histeria, mientras que otros más normales, se comen las uñas.

6) Haces chistes tontos y predecibles, antes del examen. «¿Se imaginan que justo ahora estalle una bomba en el centro de la ciudad y tengan que suspender el examen?». Como es obvio y era de esperar, nadie se ríe.

7) Algunos compañeros, incluyéndote, preguntan si pueden salir al baño, en realidad, solo para tener unos minutos más de gracia y preguntarle a los demás si estudiaron algo. «Menos mal, somos varios los que no estudiamos», piensas.

8) Comienza el reparto de las hojas para el examen y aparecen las mismas frases ridículas de siempre: «Ehhhh… ¿cinco hojas?, ¡no vale!»

9) Como si la tortura no bastara, el profesor comienza a dividir el examen por temas. «Tema uno, tema dos, tema uno, tema dos…». Eso termina por deshacer tus planes de copiarte del vecino.

10) Haces promesas sin sentido como: «Señor, te prometo

que si me ayudas a hacer la prueba, voy a servirte como misionero en Irak».

11) Empiezas a leer nervioso la prueba y te das cuenta que no tienes la más remota idea de lo que te están preguntando. Y lo que te pone más nervioso, es que siempre alguien detrás de ti, dice: «Uhhh… qué fáciles, ¡las sé todas!». Ahí te percatas que Dios ya acaba de conseguir a quién enviar a Irak.

12) Sigues escuchando algunas risitas histéricas de otros «burros» que comparten la tortura contigo.

13) Empieza el desfile de preguntas patéticas, tales como: «Profesor, ¿hay que contestar por orden o primero podemos contestar las que sabemos?»

14) Siguen las preguntas ridículas, tales como: «Profesor, ¿si no entendemos alguna, la podemos dejar para contestarla más tarde?»

15) Cuando creías que la anterior había batido el récord de las preguntas sin sentido, escuchas a alguien que dice: «Profesor, ¿hay que contestarlas todas?»

16) Continúa el desfile de las preguntas inverosímiles como: «Profesor, si no entiendo alguna ¿le puedo preguntar a usted?»

17) Miras para los costados y empiezas a notar que la mayoría se agarra la cabeza y empiezan a revolverse el pelo con desesperanza.

18) Te das cuenta que si hubieses dormido un poco, por lo menos no se te estarían cruzando las letras de la hoja.

19) Empiezan los intentos de copiarte. Primero adviertes que el de al lado, le está yendo peor, y el que está adelante, aunque le chistes y le toques la espalda, no te quiere ayudar, y te advierte que si lo sigues molestando, te acusará con el profesor.

20) Justo cuando intentas ver lo que escribiste en la mano, te das cuenta que de los nervios y la transpiración, se te borró todo en absoluto.

21) Intentas ver los papelitos que te pegaste dentro de la

chaqueta, en el mismo instante que el profesor te dice que te la quites, ya que está haciendo una temperatura de 38 grados centígrados y sudas como un árabe.

22) Te pone más nervioso aún que un compañero inadaptado dice en voz alta: «Profesor, los que terminamos, ¿ya podemos entregar la hoja?»

23) Intentas contestar algo, aunque sea mal, para conservar la poca dignidad que te queda.

24) Después de una hora, el profesor dice que hay que retirar las hojas, y recién ahí, comienzas a recordar algo, pides un minuto más, pero alguien te arranca la hoja y quedas escribiendo en el pupitre.

25) Sales del examen y te reúnes en el baño con otros burros, para escuchar todo tipo de palabras soeces.

26) Le preguntas a tu compañero que respondió en la pregunta tres, para darte cuenta que la única que contestaste, también estaba mal.

27) Un compañero muy «experimentado» opina que si el profesor nota que una gran mayoría hizo mal el examen, recapacitará, pensará que quizá no enseñó la materia como debía, y volverá a darles una nueva oportunidad a todos.

28) Vuelves a casa, y repites la misma tontería anterior, y dices que no hay qué preocuparse. Que a todos les fue mal, de todos modos.

29) Tu madre te dice que no le importa cómo le vaya a los demás, sino cómo le va a su propio hijo.

30) Al fin, antes de irte a dormir, oras y le pides a Dios:

Que confunda al profesor a la hora de corregir el examen.

Que lo asalten al intentar entrar a su casa, robándole los exámenes, obviamente.

Que se le incendie su casa (con tu examen incluido).

Que sufra un repentino y oportuno paro cardíaco (y que se vaya con el Señor, claro).

O que en su defecto recapacite y les ofrezca una saludable oportunidad a todo su alumnado. Amén.

Capítulo **16**

¡Suegras!

Mi suegra nunca se mete en lo que no le importa. ¡Se mete solamente donde a mí me importa que no se meta!

Las suegras existen porque el diablo no puede estar en todas partes.

—*Hola, querida, ¿te molesta si me quedo a comer con ustedes?*
—*Para nada, suegra. ¿Y a usted le molesta comer pan de ayer?*
—*No, no hay problema.*
—*Entonces venga mañana.*

—*Mamá, no puedo casarme con Elena, ella no es creyente.*
—*¿En qué no cree?*
—*No cree en el infierno.*
—*¡Hijo! Cásate tranquilo que de eso me encargo yo.*

Mucha de la gente que me conoce, en cuanto se enteró que estaba escribiendo un libro de monólogos, me llamó solo para preguntarme si iba a dedicarles alguno de ellos a las suegras. Es como si hubiese una fijación con el tema, como si una gran parte de mis lectores necesitara hacer catarsis a través de mí.

De hecho, las bromas sobre suegras son habituales en cualquier parte del mundo, en los cinco continentes, y siempre me he preguntado que le habrán hecho las suegras a la humanidad, para merecer y cargar con semejante fama.

Siempre que tengo que romper el hielo en alguna conferencia, le dedico unas breves líneas a la benemérita madre de mi esposa y las carcajadas no se tardan en llegar en todo el auditorio. Es como si por el simple hecho de tenerla, me terminara de humanizar por completo y me hiciera ver ante al resto, que nadie en absoluto es perfecto.

A decir verdad, en mi caso particular me llevo extremadamente bien con la mía y tenemos una excelente relación, pero está claro que eso no le causaría gracia a nadie.

En realidad, creo que no son tantos los conflictos que por proporción surgen entre «suegra-yerno», como los que pueden sucederse entre «suegra-nuera».

Es entendible por completo que cualquier nuera, nunca dejará de ser una perfecta extraña que llegó para arrebatarse al pequeño retoño de la casa, aunque este último acuse más de treinta años.

Siempre que termino una conferencia, se me acerca alguna suegra un tanto molesta y con una sonrisa impostada de manera total, me aclara:

«No todas las suegras somos iguales, ¿eh?» sin sospechar que es exactamente eso lo que dicen todas las suegras del planeta tierra desde el principio de los tiempos.

Y hasta algunas nueras, que nunca sabré si realmente son honestas o están profundamente resignadas, levantan su dedo índice y me señalan:

«Seguro que no debes querer a tu suegra, pero yo sí quiero a la mía, que nunca se mete en nada y es una santa».

Ahora que lo pienso, quizá esto último se deba a que esté muerta.

Y es justo aquí cuando quiero hacer dos aclaraciones antes de continuar:

1) Amo a mi suegra, de otro modo, ni siquiera le dedicaría

los preciosos minutos de una conferencia o las páginas de este libro para hablar de ella. Si tuviera algún problema de relación con ella, sería indiferente por completo y la ignoraría por completo.

2) Eso no quita que sepa como actúa y cuáles son las armas más letales de una suegra promedio.

El que una nuera opine que su suegra «nunca se mete en nada» es completamente relativo. Sé de casos de suegras que literalmente se instalan en la casa de sus nueras para poder manejarles la vida. Sin caer en esos casos extremos en los que no vale la pena mencionar por ser demasiados grotescos, la mayoría de las suegras manejan el delicado arte de «ofrecer sus consejos» sin que nadie se los haya pedido nunca, y eso es algo que ninguna de ellas puede evitar. Es un reflejo natural, similar al de un copiloto que pega un oportuno volantazo al percatarse que el chofer se ha quedado dormido.

Una suegra puede permanecer callada, sin la necesidad de entrometerse, hasta el día en que se entera que será abuela. A partir de allí, dentro de ella, empieza a gestarse una especie de alienígena que ella misma no puede controlar, y que la hará inmiscuirse aun a pesar de ella misma.

En primer lugar, una suegra siente la imperiosa necesidad de aportar algunas ideas acerca del futuro nombre del bebé. Es por eso que todos los primogénitos siempre cargan con los nombres de «Aurelio», «Anastasio», «Arnoldo» y algunos otros similares que más que un homenaje al abuelo, parecerían un castigo para el que los tiene que llevar de por vida.

«Pero es que no podemos negarle ese gusto a la abuela» piensa de manera ingenua la nuera, pensando que todo va a terminar allí. Lo que ella no sospecha es que su relación con su suegra, recién está en los primeros capítulos de la saga.

Más tarde, la suegra siente que también está obligada a volcar sus amplios conocimientos de cómo criar a un bebé. No es que ella subestime a los padres de la criatura, sino que tiene bien en claro la clara diferencia de ambos conceptos:

—Su nuera sabe criar a un niño.

—Ella sabe criarlo correctamente, que no es lo mismo.

Y obviamente, siente la imperiosa necesidad de tener que ejercer la docencia en el asunto.

«Ese bebé tiene que dormir boca abajo, sino puede ahogarse con su propio vómito» —dice con la misma seguridad de un médico forense.

«El bebé tiene que dormir boca arriba, porque boca abajo se puede apretar la nariz con la almohada y se puede asfixiar» dice con la misma seguridad, un nieto más tarde.

Cualquiera de los dos consejos, son dichos como la única y absoluta verdad, tal como si Dios se lo estuviese dictando a Moisés para que lo escriba en las tablas de la ley. Nada de lo que luego alegue su nuera tendrá el mínimo valor. Ella dará su consejo, y luego dejará de oír cualquier explicación que alguien intente ofrecerle.

Aunque su último hijo lo haya traído al mundo hace cuarenta y siete años, una suegra puede hablar de cómo criar a un bebé como si apenas ayer ella hubiese salido de la sala de partos.

Claro que cualquiera de su consejos, son antepuestos por la frase: «Yo no soy de meterme, pero…» o «No es que me quiera meter, pero si quieren que les dé un consejo de abuela…», y acto seguido emite aquello que nadie le pidió, pero que ella considera totalmente necesario para el saludable desarrollo de la familia.

Una de las cosas que tiene a favor cualquier suegra, es que cuenta con el indiscutible bagaje de experiencia, pero lo que no sabe y no está dispuesta a aceptar, es que los tiempos han cambiado, incluyendo los métodos pedagógicos para criar a un niño.

Si el bebé está llorando insistentemente en la cuna, y de casualidad, la suegra está en la casa, puede producirse un áspero diálogo con su nuera, de esos que bastan para instalar un conflicto y ocasionar que cuando la suegra se vaya, la madre de la criatura diga:

«¡No aguanto a tu madre cuando se pone así! ¡Siempre está haciéndome sentir que yo no sé criar a nuestro hijo!»

«Ese bebé llora de hambre…» lanza la casual frasecita al aire, como para ver quién recoge el guante.

Si los padres del niño deciden ignorarla (porque convinieron en forma previa que le responderían con la indiferencia) ella sigue lanzando pequeños dardos que saben que tarde o temprano, causarán el efecto esperado.

«Pobrecito… cuando Roberto era chiquito yo nunca lo dejaba llorar así, se puede herniar de tanto llorar»

Y hasta ahí llegó la corta paciencia de la nuera.

—Usted quédese tranquila, el nene acaba de tomar la leche, el pediatra me dijo que tengo que evitar que el bebé me manipule. Me aconsejó que le hace bien a los pulmones llorar un poco.

—Si yo estoy tranquila, querida —responde con una media sonrisa forzada— lo que digo es que no le hace bien llorar así, a lo mejor son gases que quiere largar y no puede porqué está acostado y nadie lo alza.

—No son gases, llora porque solo quiere que lo alcen, lo hace de mimoso, nada más.

—Cuando el Roberto lloraba así, eran gases. Yo conozco esa forma de llorar.

—Pero mi hijo no es igual al suyo.

La suegra ya no contesta y simula que mira la televisión o que juega con el otro nieto. La nuera cree que ganó la batalla y que la puso en su lugar; sonríe y cuando se da media vuelta, escucha la frase, como a media voz:

—Si no lo alzas ahora, ¿cuándo lo vas a hacer?, mímalo mientras puedas, yo se porqué te lo digo.

Otro de los puntos de conflicto es la extraña relación «suegra-temperatura ambiente», que casi nunca coincide con el de su nuera y siempre es causante de nuevos encontronazos: «Para mí que ese bebé tiene frío...» o «Para mí que ese bebé está muy abrigado...». Cualquiera de las dos frases, le caerá como la primera bomba en Pearl Harbor a cualquier madre que estuvo decidiendo toda la mañana qué ropa ponerle al niño.

Como la nuera no puede hacer gala de su vasta experiencia (porque por razones cronológicas, se supone que su suegra le saca varias cabezas de ventaja) su principal arma de defensa es repetir todo lo que le dijo el pediatra, y si no lo dijo, no importa. Para ella: «Me lo dijo el pediatra» es el único escudo protector con el que cuenta, contra los consejos inoportunos de su suegra.

—El pediatra me dijo que es preferible que ande suelto de ropa. En su tiempo, seguramente se envolvían a los nenes como a un musulmán, pero eso ya no se usa.

—Lo que pasa es que los médicos modernos no saben mucho... desabrigado así se te va a poner duro de vientre.

—¿Qué tiene que ver una cosa con la otra?, además aquí hay calefacción, el niño puede andar desabrigado.

—Igual no es normal esta calefacción, cuando tenga que salir afuera se te va a enfermar por el cambio brusco de clima.

—No es necesario que salga afuera, el nene va a estar adentro todo el día.

La nuera cree que ganó la pequeña discusión y se retira rápido del campo de batalla antes de darle el derecho a réplica a su suegra. Pero cuando regresa, descubrirá que el niño tiene puesto un par de medias de lana.

«Le puse unas mediecitas, porque se ve que tenía mucho frío. Lo toqué y tenía los piecitos helados» dice. Aunque en realidad lo que está diciendo es: «Yo nunca me equivoco, si digo que este nene tiene frío, es porque tiene frío».

Otras de las costumbres que exasperan a la nuera hasta el límite de lo imposible, es cuando la suegra le da golosinas al nieto, antes de las comidas.

—Le dije que no le de chocolates antes de cenar, que después pierde el apetito.

—Es un pedacito nada más…

—Ni un pedacito ni nada, si come ahora, se empalaga y no quiere tocar la comida.

Y allí, como la suegra sabe que metió la pata y tiene la batalla casi perdida, apela al hábil recurso de hablar en complicidad con el niño, pero delante de todos, obviamente.

—Bueeeeeeeno… tiene razón la mami… otro día «la abu» le va a dar muuuuuuuchos chocolates, ¿sabe mi amor?, pero ahora tiene que comer toda la comida que su mami le hizo.

—Yo quiero chocolate, no quiero esa comida fea —dice el niño, echándole una mirada de desprecio a su madre.

—No se dice eso, amor, la comida de «la mami» no es tan fea…

—Siempre me hace lo mismo —le dice la nuera a su esposo a punto de estallar— me hace quedar como la villana de la película y ella queda como «la Willy Wonka de los chocolates».

Otras de las situaciones que llegan al borde del conflicto, es cuando la nuera tiene que salir a hacer algún trámite y la suegra se queda en la casa con su hijo y el nieto.

En esos momentos, la nuera trata de convencerse diciendo:

«Después de todo, siempre puedo contar con ella cuando necesito hacer mis cosas».

Y luego de algunas recomendaciones, que obviamente su suegra nunca escuchará, se despide de su bebé con la frase:

«Mamá enseguida vuelve, no hagas enojar a la abuela, ¿eh?»

«Tu esposa se piensa que nunca crié a un bebé» le dice a su hijo apenas su nuera cruza el umbral de la puerta «como si yo no hubiese criado cinco hijos antes que ella».

El esposo ni contesta, porque sabe que cualquier cosa que diga, puede ser utilizada en su contra. A la vuelta de su esposa, una simple frase como: «Tu esposo piensa lo mismo que yo, respecto a que el nene no come bien», podría causarle el divorcio inmediato. Así que se limita a sonreír y se sienta a mirar televisión.

Todo transita en los rieles de la normalidad, hasta el preciso momento en que el bebé se hace encima. El padre, a lo sumo, como si fuese el mandril de Disney levantando a Simba en lo alto de la colina, pone al bebé a la altura de su nariz y dice:

—Mamá, creo que se hizo… olor tiene, pero no estoy seguro.

Y ella, que al no estar su nuera siente que puede hacer, decir y opinar lo que quiera, como quien probara la consistencia de un pastel, introduce su dedo índice dentro del pañal y sentencia:

—¿Ves lo qué digo? No está haciendo normal. Ya lo dije: este nene no está alimentándose bien. Se está deshidratando, no entiendo como tu señora no se da cuenta. Ahora mismo lo cambio y le doy un poco de jugo de naranja, en vez de esa leche que le cae pesada.

—Pero mira que te dejó la leche preparada… —dice el esposo previendo que se avecina una hecatombe nuclear.

—Que me perdone, pero no le puedo dar esa leche, es obvio que le está cayendo mal, yo me acuerdo —agrega como para fundamentar más su decisión— que el hijo de doña Berta empezó así y terminó muriéndose.

—El hijo de doña Berta murió a los 37 años por sobredosis,

mamá, y no por la consistencia de la materia fecal.

—Y bueno, pero por algo se empieza. ¿Y los mellizos de doña Catalina que por no tomar juguito de naranja terminaron en el hospital?

—Eso fue porque los baleó la Policía, mamá, tenían 27 años e integraban una banda delictiva...

—Bueno, pero no vas a negar que pudieron evitarse unos cuántos dolores de cabeza si tomaban el jugo de naranjas.

Por eso, estoy convencido que aún cuando todas las suegras mantienen «que no son metidas como las demás», en el loable afán de ayudar, siempre terminan por involucrarse donde no deben. Y aunque hay mucho de cierto en lo que acabo de decir, también son los ángeles salvadores a la hora de darnos una mano, correr a cualquier hora de la madrugada, suspender sus propias actividades para venir a cuidar a los niños, o simplemente las que consienten a nuestros hijos, logrando que estos las adoren.

Las suegras, lejos de ser una especie en extinción, se propagan a cada minuto, en distintas partes del mundo, y estoy seguro que no podríamos concebir la vida sin ellas.

Pero aun así, no dejo de preguntarme porqué si dicen que son tan necesarias y buenas, a Dios nunca se le ocurrió tener una.

ACERCA DEL AUTOR

Dante Gebel tiene treinta y siete años, convocó a la juventud a los estadios más grandes de Argentina y se colmaron totalmente. Su programa de televisión se difunde por cincuenta naciones y su programa radial «El show de Dante Gebel» es emitido en 23 países, en la cadena radial más grande de Ibero América. Sus mega show llenaron dos veces el estadio Vélez, dos veces el estadio monumental River, Boca Júnior y cien mil jóvenes lo escucharon en la plaza de la República, en el obelisco de Buenos Aires. Autor de varios libros: «El código del campeón» (Vida/Zondervan), «Las arenas del alma» (Vida/Zondervan) y diez libros de colección de la serie «Héroes». Realizó un *tour* por toda la Argentina y ha llenado veintitrés estadios Nacionales con sus «Súper clásicos de la Juventud». Su agenda esta colmada en los próximos cuatro años con eventos en todo el mundo. Batió el récord de realizar tres funciones en un mismo día en el mítico estadio Luna Park con su espectáculo humorístico y musical «Misión América», dejando gente afuera, además ha presentado funciones en Chile, Los Ángeles y Miami, con un lleno total. Tiene una Productora Integral Multimedia en Buenos Aires dirige la revista juvenil «Edición G» y un canal de televisión «Kingdom TV». Además de los espectáculos, presenta «Héroes», que son Jornadas de Entrenamiento intensivo para Líderes, en todo el mundo.

Para comunicarse con el autor: dante@dantegebel.com
www.dantegebel.com

Héroes

Incluye cinco discos de tres módulos

MÓDULO UNO:
«Héroes de integridad»
Nunca se dijo tanto en tan poco tiempo. Los hábitos ocultos que te costarán la unción. La presunta «parcialidad de Dios» al ungir sólo a algunos. La santidad sin vueltas, y aquellos pecados que «disfrazamos» con semántica para sentirnos mejor. Vas a sentir cómo se te conmueve el alma.

MÓDULO DOS:
«Héroes de carácter»
¿Qué le pasa a la nueva generación? ¿Por qué tienen 35 años y están solteros? ¿Por qué no se levantan nuevos líderes? La falta de recambio, la doctrina de los «adoradores de la adoración». Todo lo que nunca se dijo.

MÓDULO TRES:
«Héroes de la reforma»
El tercer escalón de Héroes. Hay que escucharlo con cuidado para que nada sea quitado de contexto. Información explícita. ¿Existe la palabra secular o mundano? Las dos áreas que perdimos: las artes y la política. Demoledor.

Revista Edición G

La revista que cambió la manera de hacer periodismo cristiano.

Edición G es distribuida por Vida Zondervan en el mercado hispano de Estados Unidos, América Latina, España y Argentina, con el respaldo y la solidez de Línea Abierta Group. 90 páginas en un formato premium, un diseño elegante y una calidad de contenidos que la convierten en un producto único, con informes centrales, grandes entrevistas, debates, investigaciones periodísticas, y la más completa cobertura musical internacional, a cargo de reconocidos músicos y periodistas.

"Creemos que ha marcado una notable diferencia —dice su director, Dante Gebel— y está dirigida para toda la familia, cada nota, reportaje o cobertura está pensada en afectar positivamente a esta generación".

Edición G representa también un nuevo concepto en todo lo referente al ámbito cristiano, con un soporte acorde: máxima calidad de impresión y encuadernación. Si a esto le sumamos el target al que está dirigido, el resultado es una excelente opción para publicitar productos y servicios de calidad superior, con precios de lanzamiento altamente competitivos. A todos aquellos anunciantes que deseen formar parte de *Edición G*, o quienes quieran suscribirse, contáctenos a: ediciong@dantegebel.com

El Último Superclásico
River - La Despedida

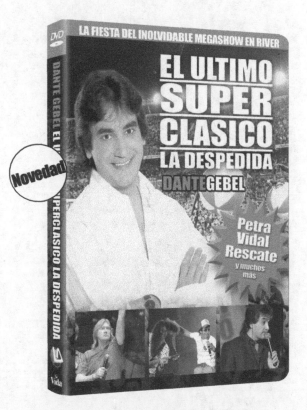

Vive la noche gloriosa en el estadio Monumental, donde miles de jóvenes se convocaron para la última cruzada. Marcos Vidal, Rescate, Petra, Ricardo Montaner, Carlos Annacondia, Alberto Mottesi, Claudio Freidzon, sorpresas increibles y un espectáculo para el asombro.

El show más impresionante de la historia de la juventud. Noventa mil jóvenes en una fiesta inolvidable. Los evangelistas más conocidos, invitados internacionales en el último mensaje masivo de Gebel a los jóvenes cristianos.

El Código del Campeón

DANTE GEBEL

EL CÓDIGO DEL CAMPEÓN

Éxito en ventas

«Ustedes pueden impedir que yo sea un predicador con credenciales, pero seré predicador en el corazón. No pueden quebrar mi voluntad, no pueden detener a un huracán. Siempre estaré allí. Deben elegir si desean un predicador colega… o una espina clavada en el pie».

Esta frase que emula al discurso del afamado médico Patch Adams, ejemplifica el espíritu revolucionario de este libro. Dante Gebel es conocido en gran parte del mundo hispano como un orador capaz de internar a sus oyentes en las más fascinantes historias y lograr conducirlos por laberintos emocionales que van desde las risas hasta las lágrimas.

El Código del Campeón contiene la esencia de esos mensajes, sumado a las brillantes historias que desafiarán tu vida radicalmente.

Este es, en esencia, un libro escrito con pasión, dedicado a aquellos que sufren de «insatisfacción Santa», o como diría el mismo autor, los que poseen una doble dosis de ambición espiritual.

«No estoy jugando», dice Gebel en el libro, «no me gusta perder, me siento a dos centímetros del suelo, soy un mal perdedor. Esta es la liga mayor. La mediocridad no me atrae, ser alguien del montón no es mi estilo, voy por el campeonato».

Una obra única que formará parte de la historia de todos aquellos que desean marcar significativamente este planeta. En resumen: *El Código del Campeón* está escrito para gente única, decidida y radical.

El sueño
de toda mujer

EL SUEÑO DE TODA
Mujer

*El detrás de la escena del
ministerio y el liderazgo*

LILIANA GEBEL

Novedad

Un libro que te cuenta el "detrás de la escena" del ministerio y el liderazgo. Como un especie de "Cenicienta" contemporánea, la esposa del conocido evangelista Dante Gebel, nos relata como una persona que cree no tener ninguna posibilidad en la vida, logra concretar el sueño de cualquier mujer. Enamorarse, servir al Señor y conquistar el futuro soñado. La discriminación de la mujer en América latina. Aquellas que tienen un bajo perfil pero apuntalan la visión en secreto. "Nadie te sacó una fotografía cuando el quiso claudicar y tu lo ayudaste a continuar, nadie te reconció cuando tu esposo lloró sobre tu hombro". Un libro que va a cambiar la historia de muchas mujeres, de todas las edades.

Pack Mensajes al corazón

Una colección única con siete discos en cada pack, con los mejores mensajes de Dante Gebel. Un recopilado único.

PACK 1: Serie Integridad
«Gracia o Presencia»
«Vacas y puercos»
«Diagnóstico espiritual»
«El tribunal de Cristo»
«Una noche más con las ranas»
«Cuidando la presencia de Dios en tu ministerio»

PACK 2: Vida Cristiana
«Los invisibles»
«Situación límite» (primera parte)
«Situación límite» (segunda parte)
«Toda la noche»
«Los tres jordanes»
«La universidad de Dios»
«Judas, el amigo íntimo de Jesús»

PACK 3: Motivacional
«Corazón de león»
«La cuarta dimensión»
«Zelotes, sólo para hombres»
«Regreso al futuro»
«Recuperando los sueños»
«Príncipe y mendigo»
«Monólogos del show»
¡Un disco para regalar!
Incluye los monólogos: «La famosa televisión», «Diferencias Matrimoniales» y «El divino Showman», además de los temas musicales: «Maldita Tele», «Vuelve a soñar», «El country de la fe» y «Amén».

Las Arenas del Alma

Las arenas del alma está dedicado a todos aquellos que han transitado por los desiertos personales, ministeriales o espirituales, preguntándose, en muchas ocasiones, en qué fallaron para encontrarse caminando en medio de un páramo desolador. «Es increíble lo que puede lograr un día de caminata por la arena», dice Gebel en el libro, mientras conduce a los lectores a los detalles escondidos en la fascinante historia de Abraham, mezclados con las experiencias personales y las vivencias de aquellos que han tenido que obedecer a Dios, a pesar de sí mismos.

«No hay manera que esta historia te suene espiritual», menciona el autor, al tratar de explicar racionalmente una crisis que golpea en lo más profundo del corazón. Agrega: «Seguramente, pensarás que el cielo no debería estar así». Un libro que recorre los huecos del alma, y que, sorpresivamente, logra conducir al lector hacia una ovación celestial.

«Las arenas del alma», paradójicamente logrará que dibujes una sonrisa, y te consideres amigo de Dios, aun en medio de la crisis.

Opiniones del libro:

«En medio de ilustraciones que hacen reír a carcajadas, las verdades que comparte son como espadas afiladas que penetran hasta lo más profundo del alma. Es uno de los comunicadores más sobresalientes que conozco. Dante Gebel para mí representa el tipo de líder que marca la historia. Es la clase de dirigente que provoca cambios, levanta la fe de la gente y es capaz de influenciar a toda una generación. Cuando se escriba la historia de esta época, Dante Gebel será recordado como otro Martín Lutero, otro Carlos Spurgeon, otro Billy Graham. Su espíritu innovador lo hace marchar cien años luz delante de otros. Así fueron y son los reformadores, los que hacen la historia y cambian el rumbo de multitudes»
Dr. Alberto H. Mottesi

SUPERCLÁSICO EN VÉLEZ

El más reciente show evangelístico que reunió a más de setenta mil jóvenes en Vélez Sársfield, uno de los más imponentes estadios de Argentina. Un espectáculo que va a sorprenderte de principio a fin, con temas musicales inéditos, efectos nunca vistos y hasta verás a Dante volar sobre el escenario. Para disfrutar en familia. Incluye: Cruzada/ mensaje/ cortometraje.

CRUZADA EN RIVER

En esta película podrás apreciar la noche gloriosa en que sesenta mil jóvenes se dieron cita en el estadio monumental de River Plate, solamente para proclamar la llegada de un nuevo ejército: la nueva generación.

CRUZADA EN BOCA

Prepárate a vivir una noche inolvidable desde la famosa Bombonera, con setenta mil jóvenes que colmaron el estadio boquense. Un recorrido de las veintidós cruzadas en todo el interior del país, culminando con la increíble fiesta en Boca. Sorpresas y un mensaje titulado «Diagnóstico espiritual» que te dejará pensando y que va desde las risas hasta las lágrimas. En definitiva, un video para ver y compartir con los amigos. Irrepetible.

Incluye: Argentina Tour 2000 (clip) / cruzada / mensaje

CRUZADA EN EL OBELISCO

Vive la jornada gloriosa en que, históricamente, 100.000 jóvenes colmaron la avenida principal de Buenos Aires, la Plaza de la República. Una fiesta sin precedentes que conmovió a la prensa local y de toda América latina. Un mensaje profético y uno de los más desafiantes de Dante Gebel, desde el mismísimo corazón de Argentina y transmitido a más de veinte países vía satélite. Música, exaltación al Señor, y sorpresas para el final de la noche. Un video para disfrutar en familia. Incluye: clips cruzadas / mensajes /cruzadas

MISIÓN ARGENTINA

El espectáculo multimedia que logró colmar el estadio Luna Park en un récord histórico de tres funciones en un mismo día. Shows de láser, telones de fibra óptica, más de treinta actores en escena, cambios escenográficos, efectos en tres dimensiones, interacción con las pantallas, los monólogos increíbles de Gebel y mucho más, en un show sin precedentes. Incluye: Cortometraje de acción/ show cuadro por cuadro/ making of.

Colección Héroes

¡Diez libros que no podrás dejar de leer!

Diez títulos escritos por Dante Gebel dirigidos a aquellos que quieran liderar a la juventud del nuevo siglo. Sin eufemismos ni rodeos, Vida-Zondervan te presenta una colección única con los temas que siempre quisiste leer. El noviazgo, la integridad, la religión, la vida de oración, la baja estima, y muchos más.

Una colección especialmente diseñada para todos aquellos que creen en la nueva generación. Imperdibles y determinantes para aquellos que se empecinan en marcar la historia.

"Son pocos los que tienen el deseo vivo de salir a ganar a una generación junto a ellos. Son contados, aquellos que se animan a correr el riesgo de colocar el primer pie en territorio enemigo, con todo el precio de la crítica que eso conlleva. Orillando en la delgada línea de ser pionero y casi un mártir, por atreverse a caminar una milla extra. Y también son muy pocos, aquellos que desean formar al ejército, brindarle el mayor arsenal posible, para que no queden tendidos en la arena de la batalla, sino que puedan estar de regreso, para otras nuevas batallas. Sin subestimar a nadie, recuerdo un viejo proverbio árabe que rezaba: «Un ejército de ovejas comandado por un león derrotaría a un ejército de leones comandado por una oveja. Y sé que en el Reino, y en la vida, hay muchos de esos leones, que puede transformar a un grupo de proscriptos a los que la vida dejó fuera de las grandes ligas, en valientes estrategas de guerra» Dante Gebel -Héroes

HÉROES

El seminario de entrenamiento más explícito.

La jornada de entrenamiento que ya capacitó a más de 25.000 líderes. No apto para gente demasiado «sensible»; ya que recibirán información explícita y se leerán cosas que nunca se mencionan en la Iglesia. Nunca serán iguales, luego de leer esta colección.

SERIE COLECCIONABLE **HÉROES**

LOS LÍDERES INVISIBLES

①

Serie para todos aquellos líderes que deseen material para trabajar y llegar a los jóvenes del nuevo siglo.

Dante Gebel

Nos agradaría recibir noticias suyas.
Por favor, envíe sus comentarios sobre este libro
a la dirección que aparece a continuación.
Muchas gracias.

Editorial Vida
Vida@zondervan.com
www.editorialvida.com

Printed in the USA
CPSIA information can be obtained
at www.ICGtesting.com
LVHW030712050824
787165LV00011B/123

9 780829 747218